トランプ王国の素顔

元NHKスクープ記者が王国で観たものは

立岩陽一郎［著］
Tateiwa Yoichiro

あけび書房

まえがき

「米軍は休戦協定の建物を当初、直ぐに取り壊せる簡単な建物にしようとしていた。それは事実上の敗北である休戦を無かったことにするためだった」

説明する朝鮮人民軍の大尉は厳しい表情で語った。２０１８年5月2日、歴史的とも言える南北首脳会談が行われた5日後、私はその会談が行われた板門店で北朝鮮側の説明を受けていた。

朝鮮人民軍の大尉は、１９５０年から１９５３年まで戦闘が続いた朝鮮戦争について語る際、米軍に対する敵意を隠さなかった。

「ここで米軍は休戦協定に調印をしたが、彼らは国連軍の旗を置いて『自分たちは国連軍だ』と言い続けた。それは、負けたのは米軍ではなく国連軍だと言うためだった」

まだ30代であろう大尉が当時を知るわけはない。それに、米軍が各国に参加を求めて国連軍としていたのは休戦時よりも前のことだ。しかし、北朝鮮ではそういう説明がなされているのだろう。そして、それは北朝鮮側で代々受け継がれているものなのだろう。

私は、大尉の説明を北朝鮮の政府系機関である朝鮮対外文化交流協会の職員の通訳を通して聴きながら、この本の主人公とも言える人物に思いをはせていた。

第45代米国大統領のドナルド・トランプその人だ。

「トランプは北朝鮮でこうした教えが受け継がれていることを知っているのだろうか？」

恐らく知らないし、知ろうともしないだろう。それがトランプという人物だと思われる。なぜなら彼は世界情勢を考えながら政策を練る合衆国大統領ではなく、身体は大きいものの周囲のことなど考えることもないトランプ王国の王だからだ。

「そういう意味で北朝鮮の指導者とも似ているからお互いに理解し合えるかもしれない…」

私はそう思いつつ、不安の払しょくに努めた。


私は今年2018年4月27日から5月3日まで北朝鮮に滞在し、取材をしていた。私が歴史的とも評される南北首脳会談の直後に北朝鮮に足を踏み入れたのは偶然でしかない。ただ、そうした緊張緩和に向かう流れはある程度、予測はしていた。

例えば、米朝首脳会談が開かれる可能性については、私はかなり早い段階から言及していた。それは何を隠そう、その「王」を見ていてそう感じたからだ。

2017年1月1日に訪米して以降、トランプ政権の誕生から半年間を見続けて帰国した私は、大阪の毎日放送の情報番組「ちちんぷいぷい」のコメンテーターになった。その8月30日の放送で、私は「トランプ大統領と金正恩委員長は似ているという指摘も米国ではあるんです。2人は考え方が似ている。ですから、米朝首脳会談はあり得ると思いますよ」と発言していた。

それは、半年間の間にトランプ大統領の発言や米メディアの分析の他、彼を支持する人々と話をしていて感じた正直な印象だった。

ただし…と、私は付け加えていた。

「トランプ大統領には確固とした外交政策などありませんから、会談が行われたとしても、その結果がどうなるかは誰にも分からないでしょう」

それも、また正直な印象だった。


NPOメディア「マザー・ジョーンズ」のワシントン支局長として30年余りにわたって米国の政治を取材してきたデビッド・コーンというベテラン・ジャーナリストがいる。コーン氏率いる取材班はトランプを取材し続けた成果が評価されて全米雑誌大賞を受賞しているが、その彼が次の様に話したことがある。

「One thing is sure about Trump is nothing is sure（トランプについてひとつだけ確かなことは、何ひとつ確かじゃないことだ）」

これは他のジャーナリストも度々口にするトランプ評だ。この大統領に確かなことなどない。

外交政策？　そんなこと大統領になる前もなった後も、考えたことないんじゃないか？　こう語るワシントンのジャーナリストはコーン氏だけじゃない。

もうひとつ加えるなら、いささか子供じみた虚栄心ということもあるかもしれない。私個人として、それを感じた時がある。

それは2018年1月に行われた一般教書演説の中継をCNNテレビで観ていた時のことだ。大統領が連邦議会でこの1年の施政方針を示すその場で、トランプ王は政策そっちのけで、功績のあった人々を紹介し続けた。その時だ。

「おや？」

議場で紹介されて手を振っている男性…。それは私の知っているトランプ支持者の姿だった。スティーブ・スタウブ氏。オハイオ州デイトンで小さな機械製造会社を経営する。実は、この本に出てくるオハイオ州のロボット大会の主催者の1人でもある。彼は私と会った時、既にホワイトハウスにも招かれていた。

トランプ大統領の説明は、従業員を増やしたという功績だった。それは事実かもしれないが、スタウブ氏はトランプ支持者だ。要は、自分の支持者を議会に呼んで全米に紹介したということだ。それにしても、安直に過ぎないだろうか？

「トランプらしい…」

議場で照れながら手を振るスタウブ氏をCNNの画面で観つつ、そう思わざるを得なかった。

この本は第45代大統領を批判するためのものではない。私が見てきた王国の姿をそのまま伝えるものだ。50歳の日本から来たおっさんが王国をブラブラさまよいつつ書いた内容だ。この本を読んで、トランプという人物を、あるいは彼が統治する米国を好きになる人もいるかもしれない。勿論、嫌いになる人もいるだろう。どちらでもそれはそれで構わない。

ひとつ加えておきたい。ここに登場する人はみな実名だ。中には実名を嫌がった人もいるが、お願いして実名とさせていただいた。新聞やテレビに出てくる「アメリカ政府関係者」や「日米関係筋」などという根拠不明な情報源は一人として出てこない。だから彼らが語る内容に嘘偽りのないことは胸をはって言うことができる…。おっと、これ以上書くと、トランプ王のメディア批判に似てくるのでやめておこう。

２０１８年５月14日

立岩 陽一郎

まえがき……3

1章 NHKを辞めたスクープ記者が新大統領の就任する国に乗り込んだ理由……16
2017年元旦、無職となり、米国へ／不祥事が続いたNHKの上層部と闘って
日本の「トランプ報道」は米国の焼き直し
アメフト界支配も狙った〝夢追い人〟トランプ

2章 就任式会場周辺に集まった、白人の「私」たちに感じた不快と恐怖……29
「トランプ次期大統領をどう思う?」と尋ねると…
調査報道の第一人者が率いるワークショップ
「今後についてはもちろん憂慮しているよ」
数々の疑惑、スキャンダル、不穏な空気…／言いようのない不快感と恐怖感

17歳の女の子がトランプに要求したもの

3章 中高年求職イベントと老人ホームで聞いた「私たちもトランプに言いたい！」……47

猛烈に好奇心を掻きたてられて／必死で仕事を探す中高年層の人々
給料がもらえれば、大統領は誰でもいい
「トランプが雇用を改善できるはずがない！」
60代になり、独立より安定を求める／「49歳で無職に？　これから大変だよ」
雇用どころか、解雇が相次いでいる／あんな身びいきをするのはダメ
シニア層の良識が社会の希望になる

4章 いまの米国で「バスにしか乗れない」「英語が喋れない」人々の生活と意見……67

自分が降りるバス停がわからない…／運賃を持たずに乗ろうとする人々

米国に長く住んでいるのに英語が話せない／「トランプ」と聞いて、急に感情的になる
米国人の生活を良くすることなどできない／若い優秀な人材の芽を摘んでしまう政策
綺麗な英語が話せないと冷遇される／人種差別撤廃のシンボルはいまや…

5章 科学者の抗議デモで、政権の言い分を「虚数のような嘘」と断じた少年……89
科学を軽視する大統領への怒り／高齢を押して駆けつけた名誉教授
科学者の思いを子供に知らせたい／オバマの置き土産を踏みにじる
絶対に認められない／自由な議論が封じ込められていく
ユーモアと皮肉がたっぷり利いた文言／本当のことを叫んだ少年
声を上げずにいられますか

6章 製造業とプライドを取り戻すために、オハイオの人々は「王」を選んだ……112

ロボットの格闘技に盛り上がる人々／ここには白人しかいない
オバマもヒラリーも社会主義者だ！／政治家は信用できないが、トランプは違う
米国のものづくりが失われてしまった
仕事と収入、そして誇りを取り戻したい
トランプをめぐる激論／「銃」「妊娠中絶」「同性婚」で意見が対立

7章 星条旗に祈り、マッチョに体を鍛えるジョージアのお父さんたち

高校時代の親友との再会／深南部の美しい田舎町に立つ白亜の家
絵に描いたように幸せな一家／「オバマは米国を弱くしてしまった」
メジャーリーグの試合の愛国的な演出／「米国はあまりにも譲歩しすぎてきた」
星条旗の周りで跪く男たち／マッチョな雰囲気の超ハードトレーニング
「男のリーダーシップ」を育成する集まり／「私たちは人種差別主義者ではない」
オバマは広島で謝罪したのか？／米国のものがすべて一番とは考えてない

8章

潜入した「王の居城」で、心臓が凍えるような恐怖を体験 ……166

ホワイトハウスに近い超高級ホテル／「大統領のホテル」の働き心地は？

「TRUMP」の文字があちこちに／備品はすべて米国製なのか？

ゴルフ以外に興味がない「王」／完全に監視されている？

利益相反の温床／毎日、巨大な金と利権が動く場

「何かがおかしい」という感覚

9章

「海兵隊の街」に潜入して見た最強軍団の〝聖地と秘密〟 ……191

斜めに傾いた三角形の建物／身柄を拘束されるかもしれない

瞬時に人を殺せる戦闘のプロ／エアコンなしで猛暑に耐える

海兵隊員が教会で神に祈ること／完全に怪しまれている

髪をマリーンカットにしてみない？／「聖地」に置かれていたもの

硫黄島がある日本は特別な国／海兵隊の勘違いがトラブルを生む

トランプが軍に被害をもたらす

10章 「王」と戦う米国ジャーナリズムの批判精神はこう作られる……218

今さら何を言っているのか／米国では憲法がジャーナリズムを守る
米国生活をいったん中断した理由／ジャーナリズム大学院の大きな意義
ジャーナリズム教育を軽視する日本／大物記者が振り返る「一生の思い出」
あの記者がいる限り、米国は大丈夫／取材先と「酒を飲め」「風呂に入れ」
取材相手との飲食は絶対にダメ／トランプに感謝しなければならない⁉
トランプと金正恩委員長との会談はあり得ますよ
トランプに外交政策はあるのか？
本音を共有してもらえた幸福感

あとがき……250

トランプ王国の素顔

元ＮＨＫスクープ記者が
王国で観たものは

「偉大なアメリカを再び」の旗を掲げるトランプ大統領の支持者（撮影：加藤雅史）

1章 NHKを辞めたスクープ記者が新大統領の就任する国に乗り込んだ理由

――あらゆることが型破りな米国の第45代大統領ドナルド・トランプ。民主主義のイロハを理解しようとしないこの大統領は自らを「王様」と誤解しているのではないだろうか。そうした批判がある一方で、熱烈な支持者もいる。

50歳手前でNHKを退職した私は、この「トランプ王国」を歩き回った。それはNHK時代のような組織の看板や豊富な資金力に支えられたものではなかったが、普通の人々に会うのにそれらは全く要らないものだった。そして、そこから見えてきたのは、新聞やテレビでは報じられない「王国」の姿だった。

２０１７年元旦、無職となり、米国へ

私は２０１６年12月31日、25年間勤めたＮＨＫを辞めた。つまり、職を失ったわけだ。そして翌日、つまり年が変わったばかりの２０１７年元旦、成田空港のカフェでパソコンを叩いていた。実は、正月早々、米国に向かおうとしていたのだ。

無職になった私がなぜ米国に行くのか、まず説明させていただきたい。私に与えられている米国入国のビザは「Ｊ１」と呼ばれるものだ。これは研究者に与えられるビザで、実際、私はしばらくの間、首都ワシントンＤＣにあるアメリカン大学のプログラムに参加し、同大学に研究者として身を置くことになる。

米国国内でも、もちろん取材はする予定だが、それは研究活動の一環ということになる。大学のプログラムに参加するといっても、大学から給料が出るわけではない。机とパソコンを与えられ、大学の図書館なども使えるが、あとは自分で研究を自由にやってくださいという内容である。つまり、ありがたい環境ではあるが、至れり尽くせりというわけではない。

決して安くないワシントンＤＣでの生活費や研究費を、私はすべて友人からの借金で賄う予定になっている。近年よく使われている言葉を借りるならば、「下流記者」というべきか。

１円、いや、米国では１ペニーといえども無駄にできない。

元旦、成田空港に着いたのは、飛行機が離陸する6時間も前のことだった。どう考えても、早く到着しすぎである。しかし、私はそれでも、空港に早く来て搭乗まで延々といることを選んだ。空港にはフリーＷｉ-Ｆｉがあって、金を使わずに時間を潰せる。

退職した私は、出発ギリギリまで都内にいても何もすることがない。以前は年末年始も取材や情報収集に動いたりしていたが、そういうこともなくなった。空港でカフェに座ってインターネットを見ていた方が安上がりなのだ。

ワシントンＤＣに飛んで私がしようとしているのは、「これから米国がどういう方向に向かおうとしているのかを模索すること」だ。しかし、これでは言い方がやや漠然としているかもしれない。具体的かつストレートに表現すれば、「新たに選出された第45代米国大統領ドナルド・トランプを研究すること」である。正確には、「トランプ新大統領を生んだ米国を見ること」と「トランプ新大統領が作り出す米国を見ること」になるだろう。

２０１６年の大統領選挙でトランプを支持したのは、主に、没落して這い上がることができなくなった中高年の白人労働者層だ——という見方がしばしばなされてきた。

彼らはかつて米国の経済を支え、中流層として米国社会の中核を担っていた人々だ。それが昨今では、工場の海外への移転や新たな移民の流入によって、厳しい生活環境に置かれているという。

いわば従来の中流層が崩れていく流れのなかで、トランプが最高権力者にのぼりつめたというわけだ。

トランプ氏を支持した、昔は中流だったが今は下流になっている人々。年齢は中年以上。ＩＴ化の進展などと言われていても、新たなスキルを身に付けたところで、すでに新たな転身が困難な世代……。

ん？　これは私自身と重なりはしないか？

「なんだ、トランプを作り出したのは、米国の『私』のような人たちじゃないのか」

大統領選挙の報道に接するうち、急に〝気づき〟を得た私のなかで、「それならばトランプ大統領を作り出し、そしてトランプ大統領が作り出す米国をこの目で見てやろう」という強い気持ちが湧き上がってきた。

そんな思いが、間違いなく、退職の翌日に渡米した原動力のひとつになっている。

不祥事が続いたＮＨＫの上層部と闘って

ここで、簡単な自己紹介をさせていただきたい。

私は２０１７年１月１日現在で49歳。出身は神奈川県横浜市である。１９９１年、大学を卒業してＮＨＫに入った。これをＮＨＫでは「入局」という。テレビ局だからそう呼ぶのかと思ったが、どうやらこれはＮＨＫ独自の言い方で、民放では普通に「入社」というらしい。私は、どこか「官」の響きがある「入局」という言葉があまり好きではなかった。

ＮＨＫでの最初の勤務地は沖縄県だった。ちょうど米兵の少女暴行事件というショッキングな出来事があった時期で、私は米軍基地問題を取材し、「クローズアップ現代」や「ＮＨＫスペシャル」を作った。一方、独自の調査報道で自民党有力議員の政治献金疑惑を報じたこともあった。

そういったことが評価されたのか、沖縄で5年間を過ごした後、東京の報道局に異動になった。ペルーで起きた日本大使公邸人質事件では、現地取材班の一員として現場へ行った。そして、テヘラン特派員を務めた後、東京に戻って、社会部で脱税事件や国の予算の無駄遣いなどを報道した。

２００５年、自衛隊のイラク派遣が決まったときは、社会部長に直訴して現地入りすることができた。防弾チョッキとヘルメットという当時の流行りのいでたちで、イラク南部のサマーワを取材した。

しかし、どうやらこの時期までが私のＮＨＫでの仕事の絶頂期だったようだ。

まもなく、ＮＨＫは不祥事で大揺れに揺れた。しかも、権勢をほしいままにしていた海老沢勝二氏が会長として君臨していたため、皆が「会長を守ること」だけを考えて対応するという恥ずかしい状況だった。不祥事を生む体質を変革することなど、上層部で真剣に考えている人はほとんどいなかったと思う。

「これは何とかしなければいけない」と私は考えた。

社外ではまったく無名だったが、ＮＨＫの記者のなかではいくらか知られる存在となっていた私は、ＮＨＫ職員を対象に、不祥事を考えるためのシンポジウムの開催を計画した。かねてから親交のあったノンフィクション作家の吉岡忍氏や映像作家の森達也氏の協力のもと、司会をジャーナリストの田原総一朗氏にお願いして、シンポジウムの準備を進めていった。

やがて、当然ながら、私たちのシンポジウムの計画はＮＨＫ幹部の知るところとなった。

私はまず、社会部長から計画の中止を命じられ、さらに、シンポジウムの開催予定日に出張するよう命令された。いうまでもなく、業務命令には、ＮＨＫのみならず、どこの組織でも違反することが許されない。しかも、命じられた出張は、新潟県中越地震の取材に関するものだった。放送法で定められた災害放送に関する業務であり、より義務性が高い。この命令に違反すると、通常の業務命令に違反したときよりも厳しい処罰を受けてしまう。

ＮＨＫ幹部はさらに驚くべき対応をした。私たちはシンポジウムの会場としてＮＨＫの関連施設である千代田放送会館を予定していたのだが、そこを閉鎖するという強硬策に出たのだ。そして念の入ったことに、シンポジウムの開催日のみ、ＮＨＫの全職員に「禁足令」が出ることになった。過去に例のない、あまりにも強圧的な対応であり、要は〝徹底したシンポジウム潰し〟だった。

私は驚き、呆れた。しかし気力が萎えることはなく、逆に「是が非でもこのシンポジウムをやらねばならない」という決意がさらに高まった。

私たちは別の会場を押さえ、スケジュールを再調整し、さらに準備を進めた。当初はシンポジウムを組織内のイベントとして、外部には公開しないつもりだったが、公共放送であるＮＨＫの現状を広く世の中に知ってもらおうと、新聞、テレビ各社の取材を許可することに方針転換した。

特にありがたかったのはＴＢＳの「ニュース23」で、同番組は、私が田原総一朗氏を迎えに行って打ち合わせをする場面から取材してくれた。

シンポジウムの当日になった。会場は、ＮＨＫが監視役として送り込んだ総務部の幹部が目を光らせるという異常な状況になったが、それでも１００人近い職員が勇気を持って参加した。

司会の田原氏は、ＮＨＫの体質を真っ向からこう批判した。

「いま、ＮＨＫでは海老沢会長に誰も意見できない。ＮＨＫ内部で『エビジョンイル』と言われているそうじゃないか」

田原氏の影響力もあり、当時の北朝鮮の独裁者の名前をもじった「エビジョンイル」という仇名を多くの人が知ることになったのだが、この話ばかりを詳述するのは本稿の趣旨から外れてしまう。

ごく簡単にその後の顛末を書くと、海老沢会長はさらにさまざまな批判を受けて辞職に追い込まれた。だが、私もただではすまなかった。

詳しい経緯は省くが、シンポジウムの開催そのものが問題視され、私は辞表を出すの出さないのといった騒ぎになった末に、主要な取材の現場から外された。さらにしばらく経った後、東京の社会部から出されて大阪へ異動することにもなった。

海老沢会長時代の不祥事はもう10年前の話だが、その後もときどき混迷するＮＨＫの会長人事が話題になるたびに、当時の記憶がよみがえる。

そういえば、米国でトランプ新大統領が誕生する1月20日から数日後に、ＮＨＫにも新たな会長が生まれる。超大国の国家指導者だけでなく、日本の公共放送のトップの見識も気になるところだが、そろそろ話を米国に戻したい。

日本の「トランプ報道」は米国の焼き直し

元旦の成田空港で、米国行きの便に搭乗するまであと1時間となったとき、ふと思いついて、売店で新聞各紙を買って読んでみた。当然ではあるが、日本の新聞の多くも、年初の第1面でトランプについて書いていた。

長くメディアの世界にいるとわかってくるが、「元旦スクープ」という言葉がある通り、新聞にとって1月1日の紙面は特別なものだ。なかでも、1面に何を載せるのかは新聞社にとって非常に大きな判断になる。

それだけに、元旦の1面に掲載された記事には力がこもっている…はずなのだが、トランプに関する記事では、残念ながら期待に応えてくれるものは多くなかった。

日本の新聞のトランプ関連記事には、総じて深みが足りないと私は思う（もちろん一部には優れた報道や分析もある）。なぜ、そんなことになるのか。はっきり言ってしまえば、米国の報道の焼き直しが多いからだ。

これには、実はやむを得ない部分もある。トランプが大統領に当選するまで、日本政府でさえ彼について深い情報は持っていなかったという。まして、日本の新聞社（及びメディア全般）に「トランプとは何者なのか」についての情報が乏しいことを一概に責めるのは酷な話だろう。

だから、どうしても日本のメディアが持っている情報の多くは、米国のメディアが導き出したトランプ像の焼き直しにならざるを得ない。

そのことは、たとえば、読売新聞が総力を挙げて連載し、書籍化した『トランプ劇場』（読売新聞国際部著、中央公論新社）を読んでもわかる。「トランプとは何者なのか」「トランプは世界をどこに導こうとしているのか」などのテーマを丹念に追った労作ではあるが、重要な事実については米紙「ワシントン・ポスト」が取材し、書籍にまとめた『トランプ』（邦訳：文藝春秋）の内容に依拠しているところが少なくない。

このような日本のメディアの状況は、実は、私のように組織を離れた「下流記者」にとって悪いものではない。深い情報を持っていないという点で、ある意味、巨大な新聞社とさほど変わらない立場になるからだ…と言ったら新聞社に失礼だろうか。

元旦の成田空港で新聞を読みながらそんなことを考えているうちに、ようやく搭乗の時間が来た。2017年1月1日午後6時半、私を乗せた飛行機は成田を飛び立った。つい24時間前はまだ巨大な組織の一員だったのが、いまは完全に独立したのだな、という思いが改めて胸をよぎった。

機内ではひたすら寝て過ごし、気がついたら飛行機は太平洋を越えて北米大陸を横切り、着陸に向けて降下を開始していた。

そして現地時間の午後4時過ぎ、ボストンのローガン国際空港に到着。ここで国内便に乗り継いで目的地のワシントンDCに向かうのだ。

アメフト界支配も狙った〝夢追い人〟トランプ

ローガン空港の搭乗ゲートの近くで乗り継ぎ便を待っていると、目の前のテレビで、米国の国技であるアメリカン・フットボールの試合を放送していた。いまの時期、米国人の多くは、ラグビーから突然変異的に生まれたようなこのスポーツに熱狂する。

NFL（全米プロフットボールリーグ）の、ワシントン・レッドスキンズ対ニューヨーク・ジャイアンツのゲームだった。10対10のまま、最後の数分にもつれ込んだ試合の行方に、飛行機を待つ人々が釘付けになり、歓声をあげたり溜息をついたりしている。

私は学生時代にアメリカン・フットボールをかじったことがあり、このスポーツの元締めであるNFLがいかに大きな力を持っているかを知っている。そして実は、ドナルド・トランプとは、そのNFLに勝負を挑んだことでも有名な人物なのだ。


1980年代の前半から半ばにかけての数年間、米国には、USFL（ユナイテッドステイツ・フットボールリーグ）というもうひとつのプロリーグがあった。トランプはこのUSFLの主導権を握って、NFLと戦おうとしたのだ。

NFLの試合がおこなわれるシーズンは秋から冬にかけてである。USFLはもともと、それと競合しないように、春から夏の期間をシーズンにすればビジネスになると踏んだ人々がテレビ局と組んで始めたものだった。

トランプはそこに参入して、NFLと本格的なバトルを繰り広げた。

彼はまず、USFLのニュージャージー・ジェネラルズというチームを買収してオーナーになり、大学フットボールのスター選手たちをごっそりと獲得してしまう。ハーシェル・ウォーカーやダグ・フルーティーといった、ハイズマン賞（全米大学年間最優秀選手賞）受賞者を含むトップクラスのプレーヤーたちを根こそぎ持って行ったのだから、NFLにとってはたまったものではなかった。

これを日本に置き換えると、たとえば「新日本プロ野球リーグ」という機構ができ、そこに大金持ちの不動産王が入ってきてチームのオーナーになり、大谷翔平や筒香嘉智といった一流選手たちを片っ端から入団させた…というケースに似ている。

いったいどんな事態になってしまうのか、怖くて想像もできない。

当時のトランプは、さらにＵＳＦＬのシーズンを秋から冬にかけての期間に変え、ＮＦＬのシーズンに真っ向からぶつけようとした。またＮＦＬとの合併を画策したり、ＮＦＬを反トラスト法で訴えたりもした。

しかし、結果として彼の目論見はうまくいかず、やがてＵＳＦＬも解散することになり、消滅してしまった。

トランプという人物を見る上で、こういう側面も知っておいた方がよいと私は思う。

一般的に彼は、金儲けと破産を繰り返し、攻撃的な言辞を弄し、美女たちをはべらせ、３回の結婚歴を持つ不動産成金というイメージを持たれている。

もちろん、それらは事実に基づいた印象だ。しかし、案外と〝夢追い人〟的な側面も持っているのではないか。

空港のテレビでは、アメリカン・フットボールの試合が終わり、ニュース番組に切り替わった。

そして、最初に飛び込んできたのがトランプに関する話題だった。

ロシア政府に対し、米国政府のネットワークを組織的にハッキングしたとして制裁措置が科された。この問題について、トランプは新たな事実を掴んだので近く公表すると話している――。そんなニュースのようだった。

ロシアのプーチン大統領とは友好関係を演出しているトランプのことだから、むしろ、制裁を科したオバマ政権の問題を暴露するといった趣旨なのだろうか……。

そんなことを考えつつ、フットボール試合中継のときとは一転して静かにニュースに見入っている周囲の米国人たちの様子に、「確かにトランプ王国に入ったのだな」と私は実感していた。

しばらくして搭乗開始を告げるアナウンスが流れ、私はゲートの前にできた行列に加わった。これから1時間余りのフライトで首都ワシントンDCに到着する。いよいよ2017年の元旦から、米国政治の心臓部に足を踏み入れることになるのだ。

大統領就任式でスクリーンに映るトランプの姿を見上げる人々（撮影：加藤雅史）

2章 就任式会場周辺に集まった、白人の「私」たちに感じた不快と恐怖

――2017年1月20日に「トランプ王国」は誕生した。「王」の就任式に乗り込んで感じた人々の思いとは何か？　かつて就任式を「王宮」の内側から見守ってきた知人は何を感じたのか？　参加者は何を思ったのか？

「トランプ次期大統領をどう思う？」と尋ねると…

２０１７年１月１日の夜10時、私は米国の首都ワシントンＤＣのレーガン空港（正式名称はロナルド・レーガン・ワシントン・ナショナル空港）に到着した。

荷物を取り、空港の建物を出てまず感じたのは、「あまり寒くないな……」という安堵だった。１月という時期、夜のこの街の気温は氷点下まで下がるのが普通だ。しかし私が到着した元旦の晩は、温度を確認したわけではないが、どちらかというと〝生暖かい〟感じだった。

米国の首都の空港（主に国内線が発着する）とはいえ、さすがに元旦の利用客はそう多くない。ワシントンＤＣの中心部から目と鼻の先で、地下鉄に乗れば十数分で着いてしまうという、非常に便利でアクセスの良い空港だ。

当初はここから公共交通機関を使って移動しようと思っていたが、幸い、ホームステイ先の人が迎えに来てくれることになり、無事に合流することができた。

私をホームステイさせてくれるのは、トッド・ボールドウィンさんという54歳の白人男性だ。陸軍軍楽隊に所属してトランペットチームを指揮してきたが、昨年の６月に除隊したという。本来、彼のことはボールドウィンさんと記すところだが、米国的にファーストネームで「トッド」と呼ばせてもらう…そのほうが書くのも楽だし。

トッドは長身で、向かい合うと、身長１７０㎝の私からは仰ぎ見るような感じになる。多少肉付きは良くなっているものの比較的締まった体型をしており、髪は短く刈り上げている。見た目は音楽家というより軍人のイメージだが、表情はいつも穏やかで喋り方もソフトだ。

「会えて嬉しいよ。フライトはどうだった？」

「快適だったよ」

「来てみて、ワシントンの雰囲気をどう思った？」

「まぁ、想像した通りだね」

当然ながら、夜の空港には、ドナルド・トランプ次期大統領に対して支持や抗議の表明をしている人たちはいなかった。私たちはトッドのフォード社製のＳＵＶに乗り込んだ。

数ヵ月前まで米国陸軍に所属していた軍人だからなのか、あるいは生まれつきの性格なのか、トッドは決して余計なことや不用意なことを話さない。

「トランプ次期大統領をどう思う？」

私は〝ご挨拶〟がわりに冗談めかして話題を振ってみたが、トッドはアクセルを踏みながら「まぁ、どうかなぁ…」と言葉を濁した。

レーガン空港はバージニア州に、トッドの家はすぐ隣のメリーランド州にある。首都ワシントン

ＤＣは、この2州に挟まれたかなり小さな区画だ。

私たちはワシントンＤＣを通過し、メリーランド州に入って、空港から30分程度でトッドの家に到着した。文字通り世界を強力に動かしている超大国の首都の面積がこんなに小さいことに、来るたびに不思議な思いがする。

トッドは一人住まい。陸軍を除隊した後、自宅にスタジオを作り、音楽を教えて生活をしているそうだ。一見して、広々としていて居心地の良さそうな家だと思った。

私はここで、ベッドルームと専用のシャワー&トイレ、応接スペース付きの部屋を借りることになっている。トッドには「家の物は何でも使っていいよ」とまで言ってもらった。しかも、相場よりも格安の〝友人価格〟で貸してくれるのだから、少しでも生活コストを切り詰めたい身としてはありがたい話だった。


私はさっそく部屋に入り、荷物を整理していると、トッドが「ビールでも飲まないか」と誘いに来た。私は喜んで応じ、一緒に乾杯して、ほろ酔い加減であれこれ語り合った。

こうして元旦の夜、個人的にも新たな一歩を踏み出した年の最初に飲んだ酒は、お屠蘇ならぬ米国のビールになった。

調査報道の第一人者が率いるワークショップ

米国の正月休みは短い。元旦、2日と休んでも、3日からは仕事始めとなるのが一般的だ。すでにアメリカン大学からは「1月3日には登録手続きを済ませてください」と記したメールが届いていた。

1月3日の朝、私はトッドの家からバスと地下鉄を乗り継いでアメリカン大学へ行った。文系のみの小さな大学ゆえ、アメリカン大学は日本ではあまり知られていないが、法学やマスコミ学、国際政治学の大学院は米国で名前が通っている。日本では立命館大学、南山大学と提携関係にある。

私はアメリカン大学のマスコミ学の大学院に籍を置くことになっている。ここはジャーナリズムの他に、映像制作やデジタル画像技術など、さまざまな媒体に関する研究や教育を行っている。その中心のひとつが「調査報道ワークショップ」という研究室だ。プロのジャーナリストと大学院生が一緒に取材をし、大手新聞向けの記事を書いたり、テレビの報道番組を作ったりしている。

実は5年前も、私はアメリカン大学の調査報道ワークショップに所属し、多くを学ばせてもらった。今回の渡米にあたって再び頼りにしたのが、やはりこの調査報道ワークショップだった。

調査報道ワークショップ代表のチャールズ・ルイスさんは、テレビ局で記者やプロデューサーを務めたジャーナリストである。米国の調査報道の第一人者とも言える人物だ。後に触れる予定だが、ルイスさんは私のＮＨＫでの最後の仕事となった「ＮＨＫスペシャル　追跡パナマ文書」とも関係している。彼は、「パナマ文書」という世界的スクープを発信する元締めとなった国際ジャーナリスト連合（ＩＣＩＪ）の創設者でもあるからだ。

久々に訪れたアメリカン大学は懐かしく、キャンパス内を歩くうちに、かつて在籍していたときのさまざまな思い出がよみがえってきた。当時は、ここを再訪するのが5年後にＮＨＫを退職した直後のことになるとは思ってもみなかったが……。

それにしても、アメリカン大学に限らず、米国の大学の構内の美しさにはいつも感心してしまう。建物も、古代ローマ時代の街を模倣して造られていて、これはよくよく考えると滑稽だったりはするが、それでも見た目が綺麗なのは悪いことではない。

そんなことを考えつつ、芝生の広場の先にある石造りの建物に向かった。東京の明治神宮外苑にある聖徳記念絵画館に似た、風格のある建造物だ。その1階に調査報道ワークショップの部屋がある。

ワークショップでは、副代表のリン・ペリーさんと事務のローラ・コロンビさんという2人の女性が迎えてくれた。

ペリーさんは、「ＵＳＡトゥデイ」紙のデスクとして働いてから調査報道ワークショップに来たという経歴を持つ。代表のルイスさんは著名人でどうしても留守になりがちだが、そのかわり、副代表のペリーさんが実際にワークショップを切り盛りしている。

また、ペリーさんの夫君は「ワシントン・ポスト」紙のベテラン司法記者だ。私は、5年前の滞米中には彼に会うことができなかったのだが、今回はぜひお会いしたいと考えている。トランプに関する取材のためなのだが、詳しくは後でおいおい書いていくことになるだろう。

再会したペリーさんは、以前と同じように私を温かく歓迎してくれた。

「ヨイ、ようこそ。みんな、待ってたのよ」

私は陽一郎という名前だが、米国では「ヨイ」と名乗っている。米国人は「ヨウイチロウ」と発音できず、「ヨイチロウ」となるからだ。どうせ違う名前になるんだったら、簡略化したほうが覚えてもらいやすいと思って、「ヨイ」で通すことにした。

「ここがあなたの机。パソコンと電話も用意しているけど、他に要るものはある？」

てきぱきと説明してくれるペリーさんに、私は丁重にお礼を言った。

「いえ、これで十分すぎるほどです。いつもありがとうございます」

次いで、事務のコロンビさんの指示に従って大学の登録手続きを終えてから、先ほど与えられたばかりの自席に戻った。といっても、いますぐそこでやるべきことはない。

代表のルイスさんにも挨拶したかったが、風邪で体調を崩して不在とのことだったので、私は大学を出てトッドの家に戻った。

「今後についてはもちろん憂慮しているよ」

翌日、ルイスさんがワークショップに顔を出すと聞いたので、また大学へ向かった。トッドの家からアメリカン大学までは、まずバスに10分ほど揺られて最寄りの駅に出て、地下鉄の「レッドライン」に乗り、5駅目で降りる。そこからは大学まで歩くと20分ほどかかるのだが、無料シャトルバスが送迎してくれる。

このように、勉強や研究に集中できる環境の整備という点で、米国の大学は至れり尽くせりだ。もちろん、その費用は、決して安いとは言えない学生の授業料に上乗せされているのだろう。「米国の大学生は日本の大学生に比べてよく勉強する」と言われるが、高額の金を払うことで得た恵まれた環境ゆえに、この4年間を無駄にできないという意識が育まれるのかもしれない。

調査報道ワークショップに着くと、ルイスさんが待っていた。風邪は治っていないようだったが、それを押して私に会ってくれたようだ。

「会いたかったよ、ヨイ」

「私もです、ルイスさん」

ルイスさんは63歳になるが、ふさふさした美しい金髪で、しかもハンサムだから、笑顔で話しかけられるだけでも悪い気はしない。

友人も学生も、彼を、ファーストネームの「チャールズ」を短縮した愛称「チャック」で呼ぶが、日本人の私にはなかなかそれができない。どうしても「ルイスさん」と呼んでしまう。


風邪がまだ少し苦しそうだったが、せっかく会うことができたので、私はルイスさんに「トランプ新大統領をどう思いますか？」と尋ねてみた。

「何と言ったらよいのか……。今後についてはもちろん憂慮しているよ。私はデラウェア州の共和党支持者の家に生まれたんだけどね。

私自身は共和党でも民主党でもないけれど、少なくとも、トランプが伝統的な共和党の考えとは違う主張の持ち主であることは間違いない」

ルイスさんはそう言って頭を抱える仕草をし、苦笑いした。

「ヨイ、君がNHKを辞めたのも知っているし、このワークショップでは自由にやってもらっていいんだが、何か特にやることはあるのか？」

「ええ、実はトランプについて調べようと思ってまして」

「なるほど、それは良いタイミングだ。何か私にできることがあったら言ってくれ」

ルイスさんの親切な申し出に深く感謝しつつ、私は内心、彼がトランプを評したときの口調にいくらか意外な印象を受けていた。

確かにルイスさんは、新大統領に対して好意的ではなく、不信感も持っているようだった。だが、米国の著名なジャーナリストが抱えているだろうと日本人が想像するような悲壮感は、彼からは伝わってこなかった。

「あんな大統領が誕生するのを、この調査報道の第一人者は許容するのだろうか？」と私はひそかに首をひねった。ルイスさんはトランプの話をしながら頭を抱えてみせたが、それは、「ウチの親父の暴言癖にも困ったものだ」といったふうの、軽い心配のようにしか感じられなかった。

数々の疑惑、スキャンダル、不穏な空気…

実は、ワシントンが比較的暖かかったのは、私が到着した元旦からほんの数日だけのことだった。やがて最低気温が氷点下という毎日になり、雪や冷たい雨もよく降るようになった。

外で凍えるような日々が続くのとは対照的に、トランプを巡る政界の状況は熱を帯びる一方だった。

もともと世界で大々的にビジネスを展開してきた人物が、米国大統領という、政治の最高指導者の地位に就いたわけである。当然ながら、「ビジネス上の利益と大統領としての職務をどう峻別するのか」「そもそも峻別できるのか」といった利益相反の問題を抱えることになった。

その上、娘婿のジャレッド・クシュナーを大統領上級顧問にすることが、親族を配下の要職に就けることを禁じた反縁故法に抵触するのではないかという疑問も浮上した。ロシアの情報機関がトランプの〝弱み〟というべきスキャンダラスな情報を握っている、とする報告書の存在も指摘された。

大統領就任式が近づくにつれて、さまざまな疑惑が噴き出すといった状況だった。一昔前に日本の政界で流行った言い方を借りれば、トランプは「疑惑の総合商社」のような様相を呈していった。

さらに噴出したのが、就任式のボイコット騒ぎである。これは、民主党のジョン・ルイス下院議員が「トランプを正当な大統領として認めない」と発言し、就任式を欠席すると表明したことでクローズアップされた。

トランプはこれに対し、ツイッターでルイス議員を「口先だけで行動も結果もない」などと揶揄するような反撃をしたので、さらに大騒ぎになった。

黒人のルイス議員は、１９６０年代から米国社会の人種差別と闘い、マーティン・ルーサー・キング牧師の公民権運動に参加したこともある人物だ。差別撤廃運動において40回も逮捕されたという経歴を持ち、党派の違いを超えたヒーローとして尊敬を集めている。

そのルイス議員をトランプは「口先だけ」と評したので、当然、就任式ボイコットの動きは加速した。最終的に、約60人の民主党議員が欠席という事態に発展した。

トランプ政権が発足する前から、彼の周りは不穏な空気に満ちていた。

これほどの人数の連邦議会議員が大統領就任式をボイコットした例は、はたして過去にあるのだろうか。周りの米国人たちに聞いても、皆、「記憶にない」と言う。

調べてみたところ、1973年、リチャード・ニクソン第37代大統領の2期目の就任式で、80人が欠席するという事態になったという。ニクソン大統領はその後、ウォーターゲート事件によって任期途中で退陣している。

大統領就任式の1週間ほど前、私は、式典がおこなわれるワシントンDCの中心部に足を運んでみた。トランプへの抗議デモをする人々の姿も見られず、粛々と式典のための準備が行われていた。目立つのは、簡易型トイレが多く設置されていることだった。「大統領、歓迎します」と記した垂れ幕も見える。さまざまな問題にまみれながらもあの人は「王位」に就くのか、と私は思った。

言いようのない不快感と恐怖感

そして1月20日、大統領就任式の日が来た。私は、ホームステイ先の家主のトッドと、NHK時代の仲間の加藤雅史君と3人で就任式の会場を訪ねた。

加藤君は休暇を取ってワシントンDCに来ており、カメラマン役をお願いすると快く引き受けてくれた。その結果、就任式の写真はすべて加藤君に撮ってもらうことになった。

大統領就任式は、連邦議会の西側のバルコニーでおこなわれる。その下の庭園に、招待された人々の席があり、そして大きな池を挟んで、チケットを持っている人々の席が続く。私たちはチケットを持っていないので、そこからさらに少し離れたエリアに立っていた。

ここから西に行けば高さ169mのワシントン記念塔、さらにその向こうには、リンカーン第16代大統領の巨大な石造が鎮座するリンカーンメモリアルがある。

式典が始まる正午が近づくにつれて、徐々に人が集まってくる。その様子を見て最も強く感じたのは「米国の分断」だった。

「分断」という印象を持ったのは、参加者の多くが白人だったということが大きい。しかも、私たちがいたチケット不要のエリアに来ていたのは、ほとんどが白人だった。人口が増えているヒスパニックも黒人もアジア系もさっぱり見当たらなかった。ましてや、ヘジャブ（イスラム教徒の女性が着用するスカーフ）をまとった女性など、探すだけ無駄だった。

就任式のチケットは無料だ。しかし、入手するには、連邦議会議員の事務所を通じたルートなど、コネの有無が大きく物を言う仕組みになっている。トランプを支持したとされる白人労働者層の大半には有力なコネなどなく、必然的に私と同じ〝チケットなし集団〟に入らざるを得ない。

近くにいた中年男性に話しかけてみた。年齢は55歳、ペンシルバニア州のフィラデルフィアから来たという。

職業を聞くと「エンジニアだ」と言うので、ＩＴ関係や製造業などの技術者かと思ってさらに尋ねると、「車の修理をしている」という返事だった。

別の47歳の男性は「俺はノースカロライナ州でレストランを仕切っている」と話した。「レストランを経営しているんですか？」と聞き返すと、「ああ…そうじゃないんだけど、任されているんだ」と微妙な答えが返ってきた。

他にも何人か（すべて白人）に話を聞いてみたが、同じような感じだった。自分が就いている定職をあまりはっきりと言えない人たち。

つまり、就任式に来るくらいトランプを熱心に支持しているのは、米国の「私」たちということだな、と改めて思った。私も職業を問われたら、「無職」とは言わず、何かもっともらしいことを説明しちゃうんだろうなぁ……。

もちろん、以上は私が現地で接した人たちの話にすぎず、集まっていた人々全員が同じタイプだと断定しているわけではない。また、ことさら意地の悪い視線で見ているつもりもない。ただし、白人ばかりの同質性の高い集団に、他の米国民との間の「分断」をくっきりと感じたのは事実だった。

周りには「Make America Great Again」（米国を再び偉大にしよう）と書かれた赤いキャップを被っている人が多かった。この文言は、言うまでもなく、トランプが大統領選挙のために掲げたスローガンである。

集まっていた人々がほとんど異口同音に答えた質問があった。私が「大統領としてトランプに何を期待しているんですか？」と問うと、全員が「雇用」「仕事を持ってきてほしい」と返してきたのだ。

また、「周りに白人しかいませんね」と水を向けると、「う〜ん」「どうかな」などと口を濁す。これも皆、同じだった。

もうひとつ、「分断」を強烈に感じさせる出来事が、式が始まる直前に起こった。

私たちが立っていた場所から、連邦議会のバルコニーで大統領就任式に出席している人々は、豆粒くらいにしか見えなかった。詳細は、周辺に設置された大型スクリーンで見ることになる。

午前11時を過ぎると、招待客たちが徐々にバルコニーに現れ、その姿がスクリーンに映し出されていく。そして、大統領選挙で民主党候補としてトランプに敗れたヒラリー・クリントンの姿が大写しになったとき、予期せぬことが起こった。

周囲から凄まじいブーイングが湧き上がったのだ。

前述した通り、多くの民主党議員が、今回のトランプ大統領就任式への出席をボイコットしている。そのなかで、ヒラリー・クリントンは出席すると表明した。それはおそらく、「米国内の分断を回避しなければならない」という彼女の考えに基づくものだろう。

年が明け、就任式が近づくにつれて、トランプもしきりに「団結」を強調するようになっていた。たぶん彼は宣誓式の後に行われるスピーチ（就任演説）でも団結の重要さを訴えかけ、米国民もそれを受け入れるのではないか――と、私は何となく考えていた。

しかし、ヒラリー・クリントンに対する会場の「ブー」の大合唱を目の当たりにして、自分の予想が間違っていたことがわかった。少なくともトランプの支持者たちは、分断を回避しようなどとはいっさい考えていない……。

私は驚き、次の瞬間、言いようのない不快感と恐怖感に襲われた。現実の前に立ちすくむとはこういうことか、と思った。

17歳の女の子がトランプに要求したもの

嫌な思いにとらわれて心も沈んでいると、すぐ隣から、かわいらしい女性の声が聞こえてきた。

「オバマ、あと4年！」

見ると、高校生くらいの女の子数人のグループだった。オバマに「もう4年大統領をやって！」と呼びかけの声をあげているのだ。叫ぶというよりは歌を歌っているような印象を受ける。

この膨大なトランプ支持者たちの中でずいぶん根性が座っているな、と私は感心した。

まず1人が「オバマ！」と声を出し、その後に皆で「あと4年！（Four more years!）」と応じる。その、「オバマ！」と叫んでいる女の子に話を聞いてみた。

コネチカット州の高校2年生で、名前はエマ・ハッドさん。高校の課外授業で、62人の生徒グループでここに来たのだという。なぜ「オバマ、あと4年！」と叫んでいるのか聞くと、彼女ははっきりこう言った。

「本音を言えば、オバマにもっと大統領を続けてほしいと思います」

「トランプ大統領の何が問題だと思う？」

「正直、私はトランプが大統領になるのは怖いんです。これまでの女性やマイノリティに対する彼の発言を考えると……」

ハッドさんは続けて面白いことを言った。

「彼には『これまで言ったことはジョークなんだ、本音じゃないんだ』と言ってほしいんです。そう、『自分は真っ当な大統領になるんだ』と。そのことを証明してほしい」


そうこうしているうちに正午になった。式が始まり、拍子抜けするほど淡々と進んでいく。

まず、マイク・ペンス副大統領の宣誓、そしてトランプ大統領の宣誓……あれ、もう大統領に就任しちゃったじゃないか。

事前にいろいろ考えすぎていたせいか、私にとってはかなりあっけなく、新たな「王」が誕生した。

そしてトランプは米国大統領として初めてのスピーチをした。

この日、我々は権力を首都ワシントンから奪って、米国民の皆さんに返したのだ――。「王」は力強くそう語った。

これは、ジョン・F・ケネディ第35代大統領が同じ就任演説で語った「国があなたのために何をしてくれるのかを問うのではなく、あなたが国のために何をできるかを問うてほしい」を意識した一節とも言われている。しかし、正直なところ、何を下敷きにしていたとしても、素直に受け入れられる言葉なのだろうか。

たとえば、どこかの国を傲慢で有名な王様が治めていたとしよう。この王様が民衆に向かって「私は皆さんの下僕だ。そう思って私に何なりと指図してくれ」と言ったとしても、その通りに王様に指図する者がいるだろうか？

「米国はあなたたちの国だ」「私はすべての米国人に忠誠を誓う」などと、トランプは国民に対して、謙虚に聞こえる言葉を発し続けた。残念ながら、それを聴いている私の頭の中は、がみがみ怒っている王様の姿に占拠されていた。

しかし、私の周囲にいた多くの白人たちは、そうは受け止めていないようだった。口々に歓喜の声を上げ、新大統領のスピーチに賛意を表明していた。

ヒラリー・クリントンへのブーイングを聞いたばかりでもあり、周りの人々があまりにもストレートにトランプに熱狂する様子を見ても、もう驚きはなかった。

米国の分断はおそらく想像以上に鋭利な刃物によってなされたもので、再び元の通りになるのは容易ではない——。

私はそんなことを考えながら、「王」となったトランプが「我々は米国を再び偉大にする」という選挙スローガンの言葉でスピーチを終えるのを聴いていた。

真剣な表情で企業の説明を聞く求職イベント参加者たち。中央がスモロウィッツさん

3章 中高年求職イベントと老人ホームで聞いた「私たちもトランプに言いたい！」

――全てが型破りなトランプ大統領。しかし、少なからぬ米国民の本音は「公約通り雇用を生み出してくれれば、他の政策はどうでもいい」とされる。必死に仕事を求めて求職イベントに集まった中高年層や、米国の伝統的な良識を信じ続ける老人ホーム在住のシニア層は、「王」をどう見ているのか。

猛烈に好奇心を掻きたてられて

毎朝、外出するときはまず、ほとんどいつもバスに乗る。

米国は言うまでもなくクルマ社会だが、私のような〝失業ジャーナリスト〟に自家用車を買う余裕があるはずもない。ただし、公共の交通手段が比較的整っている首都ワシントンＤＣに住んで活動するのであれば、バスと地下鉄で大きな問題もなく動くことができる。

先日の朝も、バスに乗って地下鉄の駅に向かううちに、ふと、車内広告の大きな文字が目に留まった。それは、以下のような見慣れない文言だった。

「50 + Employment Expo」

ん？　これは何だろう？　私は思わず首をひねった。

私の英語力では「50 + Employment Expo」が何を意味するのか、すぐにはわからない。しばし考えてみた。

「50 +」とは50以上、あ、これは「50歳以上」ということか。「Employment」はもちろん雇用。「Expo」は博覧会や見本市のようなイベント。日本でも「○○エキスポ」などという催しがあるな……。

そこまで考えて、ようやく「なるほど！」と気がついた。はは ぁ、50歳以上の人たちを対象にした求職のイベントが開かれるのか、と。同時に強い好奇心が湧き上がってきて、「このイベントに行ってみよう」とその場で決心した。

私は今年50歳になる。しかも今年からフリーランスになったので定職がない。つまり、50歳以上を対象にした求職イベントにやってくるのは、まさしく「私のような人たち」ではないか——。

そう思うと、単なる取材上の関心を超えた、猛烈な興味を感じたのだ。

一瞬、もしかしたら私もこのイベントで定職が得られるかも…という思いが頭をよぎったが、すぐに頭を振って自ら打ち消した。私が取得したのは米国の研究者ビザであり、就労ビザではないので、米国内で働くことは許されない。

もしそんなことをしたら？　答えは簡単、「王」ことトランプ大統領の逆鱗に触れて…という結果になるかどうかはわからないが、とにかく違法行為で即刻、国外追放されてしまうだろう。

必死で仕事を探す中高年層の人々

イベントの当日も、もちろんバスに乗って会場に向かった。

いつもアメリカン大学に向かう際に地下鉄に乗り換えるホワイト・フリント駅から徒歩数分。マリオット・ホテルの大きなホールが会場だ。

桜並木を通り抜けてホテルに着くと、入口でガードマンから「ジョブ・イベントに行くんですか？」

と声をかけられたので、いささか驚いた。

このホテルには毎日、たくさんの人がさまざまな目的でひっきりなしに出入りするが、その中で私が求職イベントに行くと、なぜガードマンはわかったのだろう。自分はそういうオーラを出しているのだろうか……。

私は失業者だと見抜かれたことに軽いショックを感じつつ、笑顔で「イエス。どうやって会場に行くのですか？」と尋ねた。

ガードマンは丁寧に、「中に入って左にまっすぐ歩いていくと、カーペットが敷いてあって、そこが会場の入口になっているんです。もう人がたくさん来ていますよ」と教えてくれた。

言われた通りに進み、求職イベントの会場に入ることができた。宴会場のような広いホールだ。ガードマンが言った通り、大勢の参加者がすでに来ており、その数は１００人を優に超えていると思われた。人々が頻繁に出入りし、私の後からも、すぐに数人のグループが入ってきた。

会場にはいくつもブースが設けられ、それぞれの場所で、企業や組織ごとに採用についての説明会が行われているようだった。

参加者たちをざっと見渡したところ、私と近い50代の人はあまりいないようで、もう少し上の年齢層が中心となっている様子だった。「50＋」と銘打ってはいるものの、実質的には「60＋」が関心を持つイベントということか。

白髪や皺が目立つ人たちもちらほら見かける。それでも参加者たちはおおむね疲れたそぶりも見せず、各ブースで食い入るように説明を聞き、真剣な表情で質問を重ね、身振り手振りを交えて自分を売り込んでいる。

そんな様子を見ているうちに、私の頭の中に、知りたいことが次々と浮かび上がってきた。いまの米国で職を探している50代以上の人々は、以前はどんな仕事をしていたのか。なぜそれを失い、どうやって生活してきたのか。現在の米国社会に満足しているのか。そして、トランプ大統領は社会と自分の生活を良くしてくれると考えているのか……。

私はブースからブースへと歩き回り、相談を終えた人たちに「お話を聞かせてください」と頼み続けた。

給料がもらえれば、大統領は誰でもいい

最初に話してくれたのは、紺のキャップを目深にかぶった白人男性だった。エド・ニュシアーさんという名前で、現在68歳。

その年齢で職探しとは大変そうに思えたが、本人は「私はまだまだしっかり働けるんだ」ときっぱり言った。ただし、正規雇用を離れてもう10年になるという。ニュシアーさんはこう説明した。

「この10年はパートで働いたりしてきたよ。どんな仕事かって？　ほら、金融機関に行くと『よう

こそ』なんて挨拶してくる人たちがいるだろ。あれだよ」

日本でも、銀行や証券会社の店舗に入ると、ブレザー姿などで応対してくれる年配の男性スタッフがいるが、それと似た仕事らしい。いまはどんな職を探しているのかと問うと、「それなりの給料がもらえれば、何でもいいよ」という返事だった。


ではトランプ大統領は、米国を、ニュシアーさんが定職を持てるような社会に変えてくれるのだろうか。その点をどう考えるか尋ねると、次のような答えが返ってきた。

「トランプ大統領については、もう少し様子を見たいと思うんだ。私は昔、海軍にいたこともあって、大統領を悪く言うのは嫌なんだよ。大統領のやることや話すことを、いちいちあげつらうのはどうかと思うね。

ただ、トランプが大統領として、いまのところ何もしていないのも事実だ。だから、彼のやることをもうしばらく見てから考えたいね」

この求職イベントに来ている人たちのうち、男性の参加者からは、トランプ大統領に対してあまり厳しい意見は聞かれなかった。というより、ニュシアーさんのように「給料をもらえるようにしてくれれば大統領は誰でもいい」という声が多かった。

たとえば、ガーランド・ターナーさんという黒人男性も「給料さえしっかりしていれば、職種にはこだわらないよ」と話していた。53歳のターナーさんはかつて飲食関係の仕事をしていたが、

6ヵ月前に解雇されたという。

トランプ大統領については、どこか好意的な様子でこう語った。

「そもそも昨年の大統領選挙なんて、意識する余裕もなかったよ。職を失っていたしね。トランプについては、彼を好きだという人間はそうはいないんじゃないかな。

でも、本当に約束通り米国に仕事を持ってきてくれるのなら、トランプも大歓迎だよ。仕事がなきゃ話にならないからね」

「トランプが雇用を改善できるはずがない！」

自分に定職を与えてくれる政策を実行すればトランプを支持するし、それができなければ支持しない。はっきり言って、他の政策はどうでもいい――。これが、ニュシアーさんやターナーさんを含めた男性参加者たちに共通するスタンスだった。

興味深いのは、多くの人が「どんな仕事でもいい」と言いながら、必ず「一定の金額以上の給料さえもらえれば」という条件をつける点だ。職種は選ばないが安月給でこきつかわれるのは嫌だ、買い叩かれたくない、ということなのだろう。そこに私は、ある種の〝余裕〟めいたものを感じ、いささか奇妙な印象を受けた。

失礼ながら、「それなりの給料がもらえれば」と言ったところで、正規雇用を離れて10年以上経った68歳のニュシアーさんに、労働市場で良い条件が提示されるとは思えない。しかし彼だけでなく、就職においてはいまなお白人より不利な立場に置かれがちな黒人のターナーさんも、同じように「給料がしっかりしていれば」と付け加えるのはなぜだろう。

おそらくここに来ている人々は、社会構造の〝底辺〟ではなく、割と真ん中の近くに位置しているのではないか。もし下層の人々であれば、「一定以上の給料」などと言っている余裕はないだろうから……。

私はそんな推測を巡らせた。

やがて、ふと、「ヒスパニック系の人々はこのイベントに来ているのだろうか？」という疑問が浮かんだ。ヒスパニック系は米国でも貧困率が高い。

よく知られているように、トランプ大統領は選挙期間中からヒスパニック系を目の敵にして、さかんに「米国から追い出す」「米国に入れない」などと発言してきた。しかし、誰もが認めざるを得ないのは、社会的に人気がない低賃金労働の多くを引き受けてきたのがヒスパニックだということ。つまり彼らは、白人からも黒人からも仕事を奪っているとは言えないのだ。

これは、トランプ支持者たちさえも含めて多くの人が認めるところで、否定できない事実である。

ではいま、そんなヒスパニック系の人々が米国で職を得ようとするとき、はたして、一定以上の給料を条件にするだろうか？　もちろんケースバイケースだから一概には言えないが、多くの場合、

「安い給料でもいいから仕事をくれ」となるのではないか……。

そんなことを思いながら周囲を見回してみたが、私が気づいた限り、ヒスパニック系はいないようだった。以後、会場を出るときまで、ヒスパニック系らしき人を見ることはなかった。

男性とは対照的に、イベントに参加した女性たちからは、トランプ大統領に対して厳しい意見が何度も聞かれた。

その1人が63歳の白人女性モニク・ショーヌさん。パートタイムの仕事を転々としているのだという。

私が「トランプ大統領は『雇用を改善する』と言っていますが…」と水を向けた瞬間、ショーヌさんは「はぁ?」と不愉快そうな表情になり、「あんな奴、ダメよ」と吐き捨てた。

――トランプ大統領では米国の雇用を改善できないと考えているんですか?

「あなた、何をそんなおめでたいことを言っているの? あんな奴がこの国をよくできるはずがないじゃない。すべて口からでまかせよ。選挙の前に言ったことを、トランプは何一つやれていないでしょ!

雇用を改善するというのなら、早いとこ仕事を持ってきなさいって。あんな奴のことを気にしている暇があったら、自分で仕事を探すわよ!」

大変な剣幕で、私は何だか怒られているような気分になってしまった。

60代になり、独立より安定を求める

会場にはいろいろな企業がブースを設置しており、その中には私の知っている会社もあった。たとえばメイシーズ。米国の有名な大手百貨店なので、行ったことのある日本人も多いと思う。

メイシーズのブースにいた担当者の女性はこう語った。

「我が社にはあらゆる年齢にマッチした仕事があります。だからシニアの採用にも力を入れているんです」

おそらく答えてもらえないだろうと思いつつ、「トランプ大統領のもとで雇用はどう変わると予想していますか?」と問うと、案の定、

「ごめんなさい。そういう話をしてはいけないことになっているんです」

という返事だった。企業の代表としてここにいる以上、彼女が勝手に政権の論評などできないのは当然だろう。

そんなやり取りが終わると同時に、メイシーズのブースに、お洒落で華やかな雰囲気を漂わせた黒人女性が入ってきた。

ニコニコと笑顔を絶やさない彼女は、バージニア・ブラウンさんと言い、フリーランスのヘアデザイナーとして働いているそうだ。年齢は50代半ばくらいと思いきや、63歳だという。このイベン

トに来た理由を聞くと、会社に入って安定した生活を
「60代だし、これからもフリーランスでやっていくのはきついから、会社に入って安定した生活をしたいの」
とのことだった。

日米を比較すると、日本人より米国人の方が独立心や起業家精神に富むと言われている。もちろん、それは事実だ。

しかし一方で、米国にも、「独立」より、会社組織に所属して「安定」を求める人が少なからず存在する。ブラウンさんのように60歳を超えた世代ならなおさらだ。

明るくフレンドリーな口調のまま、彼女はこう続けた。

「ヘアデザイナーとしての技術を生かして仕事をしたいから、メイシーズの話を聞きに来たの。健康も問題ないし、まだまだ働きます。でも、何もかも自分でやっていくのは大変なのよね……」

最後の一言が、私にはまるで自分のことを言われているように感じられて、何だかしんみりしてしまった。当然ながらそんなこととはつゆ知らず、気分良さそうに話してくれるブラウンさんにも、トランプ大統領についての感想を聞いてみた。

「米国が良い方向に行ってほしいの。誰が大統領でもね。要するに、私たちの生活を何とかしてほしいのよ。それを実現させてくれれば、私は次の選挙ではトランプに投票します」

――では、昨年11月の選挙では誰に投票したのですか？

「言わないけど…わかるでしょ？」

どうやら、トランプに票を投じたのではないようだった。

「49歳で無職に？　これから大変だよ」

米国の失業率は日本でもニュースになる。米国の雇用が改善すれば米国の景気は上向き、それは日本の輸出産業にとって吉報になるからだ。

この失業率は毎月、米労働省が発表する。最新の数字は２０１７年2月の4・7％だ。２００９年には10％を記録していたことを考えると、順調に改善している。

3月に、これとは別に雇用状況が改善されたことを示す数値も発表され、トランプ大統領が〝ドヤ顔〟を見せた瞬間もあった。ただし、タイミングを考えると、前政権の政策によってもたらされたというのが自然だろう。

ともあれ、昨今の総体的な雇用の改善によって、中高年層の「職」を巡る状況も好転するのだろうか。今回の求職イベントを主催したデビッド・ゲムジーさんはこう語る。

「トランプ大統領は『雇用を生み出す』と言っていて、それは確かに私たちが望むものではあります。ただし、雇用が生まれても、きめ細かいサポートが必要です」

「たとえば、若い人しか求めていない市場を作っても何もなりません。いま、高齢層を労働市場でどう活用するかが米国の課題になっています。そのためのマッチングやトレーニングは不可欠です」

なおも会場で取材を進めるうちに、いろいろなブースを精力的に訪ねて回っている白人男性がいるのに気づいた。彼が一息入れようと座ったところを見計らって、話しかけてみた。

名前はジェリー・スモロウィッツさん。年齢は60歳で、長くホテル業界で働いてきたという。頭は禿げ上がっているものの、健康そうで、青いスーツと赤いネクタイがよく似合っていた。

苗字からユダヤ系ではないかと推測したが、実際、ユダヤ系の団体が運営している老人ホームでボランティアをしているそうだ。食事は出るが、無報酬の仕事だという。

各企業のブースに提出するために、スモロウィッツさんが作った履歴書を見せてもらった。出身地はケンタッキー州で、地元の短大を出てから4年制のメリーランド大学に転入し、卒業。米国ではよくあるパターンだ。

4年制大学に入るだけの入学金や学費がない若者でも、地元の短期大学へ入学して優秀な成績で卒業すると、奨学金がもらえる。それを使って4年制大学の3年生に編入するのだ。

メリーランド大学と言えば、米国の公立大学の名門校を意味する「パブリック・アイビー」のひとつ。その卒業生という立派な経歴を持っているにもかかわらず、スモロウィッツさんは職を失った。私は何気なく尋ねた。

――いつ失業してしまったのですか。

「11年前だよ。49歳のときだった」

えっ、49歳?　ぎくりとした。いまの私の年齢ではないか。そんなこちらの気持ちを知るはずもなく、スモロウィッツさんは話し続ける。

「勤めていたホテルでマネジャーまで昇進していたんだけど、そのホテルが廃業してしまってね。その後はパートタイムの仕事を転々としているよ」

それを聞いて思わず、「いまの私も49歳で、昨年末に勤務先をやめたんです」と打ち明けてしまった。するとスモロウィッツさんは、憐れむような眼で私を見てこう言った。

「なるほど、無職になった年齢は昔の私と同じなのか。それはつらいね。大変だよ、これからも」

もちろん私の場合、勤め先が潰れたわけでも肩を叩かれたわけでもない。それでも、「11年後の私」から面と向かって「大変だよ、これからも」と言われるのは、正直なところ、きついものである。

雇用どころか、解雇が相次いでいる

スモロウィッツさんは60歳にして再び定職を得られるのか。トランプ大統領の政策がその助けになることを期待できるのか。本人に率直な意見を聞いてみた。

「最初に断っておくと、昨年11月の大統領選挙で、私は誰にも投票しなかったんだよ。まず、ヒラリー・クリントンは大統領にふさわしくないだろうと思った。ただ、ではトランプがいいかとなると、そこはわからなかったんだ。

でも、トランプが当選した後、確かに一瞬だけ『何かが変わる！』と感じたね」

――何が変わると思ったのですか？

「あれだけトランプに『雇用を創出する』と言われれば、『そうか、これで俺も仕事が得られるのか』と誰でも考えるだろう。実は私もそう思ったときがあったよ。でも……」

そこからスモロウィッツさんの語り口は急に辛辣になった。

「実際に起こったことは何だったのか、君も知っているだろう？　トランプは国家予算を大幅に削った。だから、その予算を受けてきた団体や政府機関で大量の解雇が相次いでいるんだ。雇用が増えるどころじゃない。起きていることはその正反対なんだよ。

いくらか雇用が増えたとしても、その前に職を失った人たちが大量にいるんだ。仮に職を失った人の分だけ雇用が生まれたとしても、それでいったい何が変わるというんだね。

私たちは雇用の機会を得られるのか。私はまたホテルでマネジャーになれるのか……。そうだと答える人がいたら言ってやりたいよ。『目をしっかり開いて現実を見ろ』と」

一気に話したスモロウィッツさんは、いつのまにか何か諦観したような、淋しそうな表情になっていた。それでも冷静な口調のまま、こう続けた。

「トランプ大統領は、任期の最後までもたないと思うよ」


あれこれと話を聞き、そろそろスモロウィッツさんの取材は切り上げようかと思ったちょうどそのとき、彼のほうからこんな提案をしてくれた。

「私が働いている老人ホームでは、入居者たちのためにいろいろな催しをやっていて、そのひとつに『政治談義』というのがあるんだ。みんな、政治についていろいろな意見を持っているよ。もし君が、米国の高齢層がトランプについてどう考えているかを聞きたければ、来てみるといい」

私が米国に来た理由のひとつは、さまざまな立場の米国民がトランプ大統領にどのような思いを持っているかを取材するため、というものだ。スモロウィッツさんの誘いはまさに渡りに船で、ありがたい話だった。

私は礼を述べ、「ぜひ訪問させてください」と返事をした。

その老人ホームには、当然ながら80歳以上の入居者も多く、中には100歳を超える超高齢者もいるという。つまり、「50＋」や「60＋」ではなく、「80＋」から実に「100＋」にまで及ぶシニア層の米国民たちだ。

彼らの話を聞くのは面白そうだ。そう直感した私は、その場でさっそくスモロウィッツさんとの間で訪問日時を決めた。

あんな身びいきをするのはダメ

数日後、老人ホームを訪ねた。到着するとまず、「政治談義」のモデレーター（司会役）を務める男性スタッフを紹介された。

彼のファーストネームはポールという。姓は記さない約束になっている。ポールからはさらに、取材を始める前にこう釘を刺された。

「個人が特定されるような書き方はしないよう、気をつけてくださいね。写真も、議論の場の全体を撮るのは構いませんが、個々の入居者の撮影はしないでください」

米国はおしなべて日本よりプライバシーの意識が高い。ここまでしっかり個人情報を守ってもらえると入居者も家族も安心だろうな…と感心しつつ、私は「わかりました」と了解の意を伝えて、高齢者たちの議論に耳を傾けることにした。

政治談義がおこなわれる部屋に集まっていたのは最初7人だったが、少し増えて10人になった。そこでポールが全員に問いかけた。

「トランプ政権が誕生して2ヵ月余り経ちましたが、皆さんはトランプの政治をどう思っていますか？」

高齢者たちゆえに、のんびりしたペースで穏やかな意見が出てくると思いきや、そうではなかった。反応はすばやく、中身も結構手厳しいものだった。

「ダメよ、あんなやり方をしていては。だって、トランプが重用するのは身内ばかりじゃないの。何が娘よ。あんな身びいきする大統領なんて、私は見たことないわよ」

という女性の声を皮切りに、辛辣な意見が次々と出た。娘とはトランプがホワイトハウス入りさせた長女のイヴァンカ氏のことだろう

「私も心配なんだ。トランプ政権には、ニクソン政権におけるキッシンジャー（当時の国務長官）のような人物がいないじゃないか。あのクシュナー（大統領上級顧問）とかいうトランプの若い娘婿にそんな大役を任せてはいけないよ」

「クシュナーって、イラクに派遣されたっていうじゃない。でも、彼は外交に何の経験もない素人でしょ。そんな男にトランプは何をやらせようっていうのよ」

この政治談義は、高齢者の脳と精神を刺激して記憶減退や認知症などを防ぐため、政治について考えさせ、話をさせるトレーニングのひとつだ。しかし参加者たちに、受け身でトレーニングをこなしているという感じはまったくなく、身を乗り出すようにして積極的に意見を述べる。その中にはしごく真っ当な意見も多かった。

皆、話し好きなのは間違いないが、それ以上に、トランプ大統領にかなり批判的で苛立ちを感じており、それが饒舌さに拍車をかけているようだった。

もちろん、この政治談義に集まった10人の意見が、米国のシニア層の声を全面的に代弁しているわけではない。ただし（日本のメディアではあまり紹介されないが）その世代の少なからぬ米国人が、これまで自らの中で培ってきた常識や感覚に照らして、トランプに多かれ少なかれ違和感を抱いている——という事実は示しているだろう。

シニア層の良識が社会の希望になる

結局、この政治談義は午前10時半から正午まで、たっぷり1時間半かかった。私は参加者たちの議論を興味深く聴きながら、ある種の感動を覚えていた。

この人たちは、公正さや正直さ、民主的な手続き、自由な議論などを重んじる米国社会の伝統を深く信頼している。そして、トランプ政権によって、そういった基本的な価値観がないがしろにされつつある現状を、決してこの先長いとはいえない人生の時間の中で真剣に心配し、議論している……。

そんなことを考えて感心していると、不意にポールが私の方を振り向いて、こう声をかけてきた。

「ミスター・タティ…タテイワ、この議論を聴いていてどう思いましたか。あなたにも何か意見を言ってほしいのですが」

参加者全員がすぐ私に真摯な眼差しを向けた。ハッと我に返った私は「素晴らしい会合を見せていただいてありがとうございました」と謝意を述べてから、次のように続けた。

「長い人生を生きてきた皆さんが、それぞれの経験を踏まえて政治について語り合うことがこんなに素敵だとは思いませんでした。誰が大統領になっても、いつまでもこういう議論がさかんに行われる米国であってほしい。心からそう思いました」

社交辞令ではなく、まったくの本音だった。それでも、ひょっとして自分は場違いな発言をしてしまったのではないかと内心ドキドキしつつ、

「質問への答えにはなっていないかもしれませんが……」と付け加えた。

すると参加者のうち、かつて英語の教師をしていたシェリーさんという女性が「あなたは充分に質問に答えてくれていますよ。今日は来てくれてありがとう」とお礼の言葉をかけてくれた。彼女を含め、全員が穏やかな微笑を浮かべて私を見ていた。

本当に良い談義の場に同席することができた、と思った。米国の高齢者層の間に、草の根的な「良識」がしっかりと共有されているのを見ることができたのだ。これが世代を超えて継承されていくことが、今後の米国社会にとって、希望のひとつになるかもしれない——。

老人ホームを辞去して帰る道すがら、私は満足感と共に、ワクワクするような軽い興奮を覚えていた。

バスの乗客の多くは中南米出身者などの非白人。左がモネルステルさん

4章 いまの米国で「バスにしか乗れない」「英語が喋れない」人々の生活と意見

——大半の国民が車を運転するモータリゼーション社会・米国で、バスで移動しているのはどんな人たちなのか。乗って、話を聞いてみると、そこは「ひょっとしたら米国ではないのではないか」と錯覚することもあるくらいの〝異空間〟だった。経済格差、不法移民問題、雇用、教育……ドナルド・トランプが大統領に選ばれた大きな要因と、トランプ政権の行く末が、バスに乗る人々の素顔から見えてくる。

自分が降りるバス停がわからない…

「おかしいなぁ。どうなってるんだろう…」

米国の首都ワシントンＤＣの郊外を走るバスの乗車口。入ってすぐ、運転手席の横にある運賃箱の前で、私が居候させてもらっているトッドことトッド・ボールドウィンさんがぼやいている。

その声を聞いて、先に乗った私が振り返ると、トッドは運賃を払おうとして何やらまごついていた。

どうやら、持っていたプリペイドカードで払おうとしているものの、機械に受け付けてもらえないらしい。カードが失効しているようだった。

「立て替えておこうか？」

声をかけると、トッドは肩をすくめて「ありがとう」と言った。私はすぐにもう１枚持っていたカードを取り出し、彼の分を支払って事なきを得た。

その日、トッドと私は別々に外出していたが、それぞれ用件が済んだところで連絡を取り合い、一緒に帰宅することにした。それで落ち合って、２人でバスに乗り込んだのである。

運賃も払ったし、車内は空いているし、あとはバスにのんびり揺られて世間話でもしながら帰ろう…と思って後部座席のほうに歩きながら、私は再びトッドの方を振り向いた。すると彼は、座席に腰かけようともせず、相変わらず運賃箱の近くに突っ立ったまま、そわそわと周囲を見回している。

「どうしたの？」と声をかけると、彼はおどおどした声で答えた。

「乗ったのはいいんだけど、どこで降りればいいのかな？　わからないんだよ」

私は思わず笑ってしまった。昨年まで陸軍軍楽隊に勤務していたというお堅い経歴を持つトッドだが、やはりジョーク好きの米国人なのだ。

ところが彼の表情は真剣なままで、冗談を言っている雰囲気ではない。バスで家に帰るのに、降車するバス停がわからないというのはどういうことなのか。

「トッド、自宅に戻るのに、どのバス停で降りるかわからないの？」

「わからない」

「えっ、どうして？　バスにはときどき乗るんだよね？」

「いや、もう何年も乗っていない。だから、うちに帰るにも、どのバス停で降りればいいのかわからないんだよ」

ははぁ、そうだったのか、と私は納得した。考えてみると、トッドはいつも自家用車を運転して移動しているのだ。

「降りるバス停は僕が知っているから大丈夫だよ。まずは座ろう」

私が声をかけると、彼は急に安堵したような表情になって近くの席に着いた。その様子を見ているうちに、いったいどちらがワシントンＤＣ在住の米国人かわからないな…という思いがこみ上げてきて、なんだかおかしくなった。

以前にも述べたが、私が住まわせてもらっているトッドの家は、ワシントンＤＣの郊外メリーランド州にあり、最寄りの地下鉄の駅まで路線バスで15分かかる。私は、客員研究員として籍を置いているアメリカン大学に行ったり、首都の中心部で取材したりするときなど、毎日のようにバスと地下鉄を利用する。

路線バスの名称は「ライド・オン」(Ride On)という。日本語にすると、「乗ってらっしゃい」といった感じだろうか。この「ライド・オン」バスがなければ、私の生活はまったく機能しない。

だが、トッドはまったく違う。どこへ行くにも、常にフォードの四輪駆動車で動いている。彼も私も、よく近所にある「コリアン・コーナー」という韓国人経営のスーパーマーケットで買い物をするのだが、そこへ行くのに私がいつも10分ほど歩くのに対し、トッドは必ず車を使う。そんな生活をしているから、ここ何年もバスに乗ったことがないというのは恐らく事実だろう。

55歳のトッドは、前述したようにずっと陸軍の軍楽隊で働いており、現在は子供たち向けの音楽教室を開いて生計を立てている。

特別に裕福というわけではないが、家を持っており車も持っている。そういう米国人はほとんどバスに乗らないのだ。

運賃を持たずに乗ろうとする人々

では、どんな人がバスに乗っているのか。結論から言うと、貧困層が明らかに多いと思われる。実は一緒に帰途につくバスのなかで、トッドはどことなく周囲の雰囲気から〝浮いて〟いた。なぜか。はっきり言ってしまうと、それは彼が白人だからだ。

私はバスに毎日乗っているが、白人の乗客を見ることはごくごく稀……いや、今年の元旦にワシントンDCに来てから、いまのいままで一度も見たことがない。ではどんな人たちが乗っているかというと、ヒスパニック系、アフリカ系、アジア系といった有色人種だ。

アジア系のなかでは、日系や韓国系など平均的に裕福な人々はほとんどいない。見た目や話し方などから推測するに、中国系が多く、東南アジア系の人々もいくらか乗っている。

もちろん、バスの路線によっていくらかの違いはあるだろう。私もワシントンDC周辺のすべての路線に乗ったわけではなく、あくまでも自分が体験した範囲の話であることをお断りしておく。

とはいえ、社会のさまざまな側面を見たり多くの人の話を総合したりすると、やはり、最も安上がりな公共交通機関であるバスを使う人に貧困層が多いことは間違いない。米国が、大半の人が自分で車を運転して移動するモータリゼーション社会であることを考えると、なおさらである。

ちなみに「ライド・オン」は、メリーランド州のモンゴメリー郡が経営するバス会社だ。

モンゴメリー郡は比較的財政に余裕がある自治体として知られており、東京でいうと世田谷区に似ているだろうか。バスもそれなりの設備を備えている。

たとえばバスが停まると、車体はグーンと大きく下がる。高齢者や子供が乗降しやすいような設計になっているのだろう。これがひと昔前のＳＦ映画に出てくる乗り物のようで、私は好きだ。車椅子を使う乗客を助ける仕組みも行き届いている。バリアフリーであろうとするその意思の強さは、日本の公共交通機関の比ではない。

ただ、不思議なほどローテクな面もある。日本のバスには当然のように付いている、降車したい人が押すボタンがないのだ。

そのかわり、車内に紐が張りめぐらされており、次のバス停で降りたい人はそれを引っ張る。すると、「停まります（Stop is requested）」というアナウンスが流れる、という仕組みだ。どこか発展途上国のバスを連想させる。

バスの運賃は乗るときに払う。運転席の脇の運賃箱に現金を入れるか、トッドが失効にまごついたプリペイドカードで触れる。

カードで問題なく支払いができた場合は「ピッ」という短い音がする。カードが失効していたり、お金がチャージされていなかったりすると、「ビビーッ」と長いブザー音が鳴る。「あなたの運賃は支払われていません」という意味だ。

どういうわけか、カードで何度も運賃箱に触れても、ビビーッという音しか返ってこない客が結構多い。要は、失効しているか、充分な金額がチャージされていないカードで乗ろうとしているわけだ。

「ビビーッ」の音で機械に乗車を拒まれると、皆、とりあえず困った表情を見せたり、驚いたような言葉を口にしたり、ぶつぶつ文句を言ったりするが、どこかトボけているような節もある。実際には自分のカードでの支払いは無理だと知っていて、シラッと乗り込もうとしている人も少なくないようだ。

いちばん迷惑しているのは運転手だろう。私が運転手だったら「またかよ」「いい加減にしろ」などと言ってしまいそうだが、そんな光景は見たことがない。

運賃箱に向かって何度も「ビビーッ」とやっている客には、たいていの場合、運転手が「もういいよ」と言って乗せてしまうのだ。

米国に長く住んでいるのに英語が話せない

ワシントンＤＣ郊外に長く住んでいるトッドに、４ヵ月前に移ってきた私がなぜか降りるバス停を教えて一緒に帰宅する、という珍妙な出来事があってから数日後、私はある目的を持ってバスに乗った。それは、移動のためではなく、決して裕福とは言えないバスの乗客たちがいまのトランプ政権下の米国社会をどう考えているか、話を聞くためだった。

ところが、これが思いのほか困難な作業だった。

一般に米国人はフランクで自己主張が強く、自分の意見をはっきり述べることをよしとする国民性だ。見知らぬ取材者にも率直に思いを語ってくれる人が多い。なのに、バスの乗客たちはおしなべて口が重かった。

それは、たまたまシャイな人が多かったからではない。英語で会話できる人が少なかったためだ。だいたいいつも同じだが、その日の乗客も大半がヒスパニック系だった。みなスペイン語を話しており、こちらが英語で話しかけても困った顔をするばかり。

取材させてほしいという英語が通じて、話を聞かせてくれた人も、名前を尋ねると黙ってしまう。しかも、写真を撮らせてほしいと頼むと、多くの人が強く拒否する。

米国には約1100万人の「不法移民」が居住しており、その多くがヒスパニック系だと言われている（ちなみに、日本のメディアで使われる「不法移民」という単語は意訳であり、もともとの英語は「undocumented immigrant＝記録されていない入国者」だが、本稿では便宜上、「不法移民」とする）。トランプ大統領は当選した直後、「米国内の不法移民300万人を強制送還する」と言明していた。

もちろん、バスのなかで名前を言ったり写真を撮られたりするのを嫌がっただけで「不法移民」と決めつけることはできないが、「やはり名前や顔が出ると困る事情があるのだろうか」と、妙に勘ぐってしまうのも事実だ。もちろん、一度断られたら私はすぐに諦め、それ以上粘るようなことはしなかった。

やっと最初に撮影に応じて名前も教えてくれたのは、マリア・モネルステルさんという女性だった。コスタリカ出身で、いまは米国の市民権を持って生活をしているという。年齢はおそらく60代後半といったところか。

「おそらく」と言ったのは、彼女がほとんど英語を話せなかったからだ。自分の年齢を尋ねられているのに答えられない。

あれこれ聴いた挙げ句、彼女が米国に来てからずいぶん長い時間が経っているということまでは何とかわかった。さらにボディランゲージの助けも借りて、職業が清掃員だということもようやく突き止めた。

しかし、「時給はどのくらいですか？」とか「毎日の生活はどうですか？」といった質問はどう頑張っても理解してもらえなかった。

知っているスペイン語で私が「英語は必要ないのですか？（イングレス、ノーネセシート？）」と尋ねると、「必要ありません（ノーネセシート）」という答えが返ってきた。

考えてみると、確かにバスの運転手が乗客とスペイン語で話しているところはしょっちゅう見かける。ヒスパニック系の運転手だけでなく、他の人種の運転手もスペイン語をよく話している。車内の表示や広告も、英語とスペイン語の両方が併記されているものが多い。

米国内とは言っても、モネルステルさんのような立場の人たちにとって、バスの車中を含めた日常生活での共通語はスペイン語なのかもしれない。

「トランプ」と聞いて、急に感情的になる

話をしてくれた2人目は、エルマ・グスマンさんという53歳の女性。エルサルバドルの出身で、やはり清掃員をしているという。

グスマンさんの仕事はかなりハードだ。早朝から夕方までマクドナルドの店舗で清掃業務に携わり、それが終わると、今度は近くにある政府の建物で夜遅くまで働く。仕事がすべて終わるのは午後10時だという。

米国に来て30年になるというグスマンさんは、前出のモネルステルさんより英語はできる。実際、前記のように、自分の仕事についての簡単な説明はできた。

ところが、「年はおいくつですか？（How old are you?)」という質問は通じなかった。昔、ペルーで取材をしていたときのことをとっさに思い出し、スペイン語で「クワントス・アニョス・ウステ？」と同じことを尋ねて、何とか彼女の年齢を知ることができた。

私は続いて「トランプ大統領についてどう思いますか？」と質問してみた。

すると途端に、グスマンさんは感情をあらわにして、強い口調で話しはじめた。しかしスペイン

語なので、あれこれまくしたてられても、何を言っているのか私にはさっぱりわからない。

そもそも、グスマンさんが私の質問をきちんと理解しているのかどうかも不明だったが、どうやら「トランプ」という固有名詞が、彼女の心のどこかを刺激して、激しい感情を掻きたてているのは間違いなさそうだった。その感情も、トランプ大統領に対して好意的なものとは思われなかった。

なおも声を張り上げて喋り続ける彼女の話を、申し訳ないと思いつつやや強引に遮って、私は「トランプのことが好きですか？　嫌いですか？（Do you like Trump or not?）」と簡単な英語でゆっくり聞いてみた。するとグスマンさんは、いきなり両手を広げる大きなジェスチャーを見せたものの、一転して小声になり、「ノー、トランプ。ノー」と言った。

なぜ突然、激しくまくしたてるような口調から呟くような声に変わったのかはわからない。トランプ大統領に敵視されているヒスパニック系という立場上、あまり名前を出して大統領のことを語らない方がよいと思ったのか、それとも単に話し疲れたのか。

急に寡黙になったグスマンさんに礼を言って、私は別の席に移った。

米国人の生活を良くすることなどできない

3人目に、やっときちんと英語を解する人に話を聞くことができた（それまでバスのなかで話しかけた相手があまりにも英語の通じない人たちばかりだったので、私は何度も、「ひょっとしたらここは米国ではないのではないか」という奇妙な錯覚にとらわれたほどだった)。

地元のモンゴメリー・コミュニティ・カレッジでコミュニケーション学を専攻している19歳の黒人の大学生。名前と写真は出さないということを条件に話してくれた。

最初に「あなたはなぜバスに乗っているんですか？」と問うと、彼は、何をわかり切ったことを聞くのかと言わんばかりの、きょとんとした表情になってこう答えた。

「僕が車を持っていないからですよ」

――自家用車を持っていればバスには乗らない、と？

「もちろん」

――バスに乗る人と乗らない人との違いは何だと思いますか？

「経済状況です。当たり前でしょ。経済格差を完全に反映しているわけです。車を所有していれば、誰もバスには乗りませんよ。僕だって車に乗りたいけど、買うお金がない」

続いて、黒人の彼に向かっては話しにくいことを、あえて質問の形で思い切ってぶつけてみた。

――私は毎日バスを使っているんですが、バスのなかで白人の乗客をほとんど見たことがありません。その点をどう思いますか？

内心、青年が怒り出すのではないかと私はやや緊張していたが、そのようなことはいっさいなかった。彼は淡々とした口調を変えることなく、冷静に言葉を選んで答えた。

「白人の乗客がいないというのは、バスの路線にもよるのではないでしょうか。DC（ワシントンDC）の中心部近くに行けば、白人もバスに乗っていると思いますよ。あの辺は駐車場が足りないから、バスで移動する白人もいるはずです。

まあ、この辺では、白人はだいたい車で動いていて、ほとんどバスには乗らないでしょうね」

乗客の人種の話から、白人と非白人の経済格差について言及してくれるのではないかと予想していたが、そうはならなかった。

やはり、いきなり話しかけてきた初対面の取材者に話すには、センシティブな事柄なのだろう。その慎重な姿勢に彼の聡明さが窺えた。

ここで、トランプ大統領について尋ねてみた。

「トランプ大統領が進めている政策であなたの生活は良くなると思いますか？」という私の質問を、青年はいったん「政治の話はしたくないです」と突っぱねた。それでも「ほんの少しでもご意見を聞かせていただけませんか」と食い下がると、重い口を開いて、小さく首を振りながら以下のような話をしてくれた。

「トランプの言っていることはメチャクチャですよ。彼が米国人の生活をよくすることなんてできるわけがない。大学の学費や入学金も値上がりするでしょう。

いまより生活が良くなるなんて考えているのは、一部のおめでたい人たちだけですよ」

青年はよっぽどトランプの政策に反感を持っているのか、かなり不機嫌そうな表情になっていた。

若い優秀な人材の芽を摘んでしまう政策

この青年が口にしたトランプへの批判には理由がある。

トランプ政権は3月に予算案を連邦議会に提示している。議会は、この予算案を〝叩き台〟にして予算を編成する。米国は日本と違って予算編成権が議会にあるが、政権が示した予算案がその基礎になることは間違いない。

軍事費や「国境の壁」建設費のみを増やし、医療、教育、住宅、貧困対策、環境保護、科学研究、対外援助などの予算をバッサリと大幅に削る——とする予算案のショッキングな内容は、すでに日本のメディアでも広く報じられているので、ご存じの方も多いだろう。

ただし、予算のカットについて、日本ではあまり知られていない重要な事実がひとつある。トランプ政権は、「不法移民」の取り締まりについて連邦政府に従わない自治体に対し、補助金を打ち切るという方針を打ち出しているのだ。

米国には、私が住むメリーランド州を含め、大きなところではカリフォルニア州やニューヨーク市、シアトル市など、不法移民に寛容な政策を取る自治体が400近くもある。それらは「聖域都市（サンクチュアリ・シティ）」と呼ばれている。

「不法移民」の強制送還など、政権の方針に協力しようとしない聖域都市に対し、トランプは1月に補助金を停止する旨の大統領令を出した。さらに3月には司法長官が、補助金の停止を本当に実行すると警告した。

4月25日になって、カリフォルニア州の連邦地裁が大統領令の一時差し止めを決めたが、今後、司法の場で争った末にどんな結果が出るかはわからない。

先の青年が「大学の学費や入学金も値上がりする」と懸念を述べたのは、彼が通うモンゴメリー・コミュニティ・カレッジが、聖域都市である自治体によって運営されている大学だからだ。自治体への補助金が打ち切られれば、教育予算は削られ、奨学金も減って、学費や入学金は上がるだろう。

コミュニティ・カレッジは2年制の大学が多いが、そこを優秀な成績で卒業して奨学金をもらい、そのお金で有名な4年制大学の3年生に編入する学生も少なくない。裕福な環境で育ったわけではないものの、努力を重ねて、さまざまな分野のリーダー候補への道を進もうとしている優秀な若者たち。

トランプ政権が聖域都市への〝締め付け〟を進めた結果、そういった有望な人材の芽を摘んでしまう恐れは充分にある。

綺麗な英語が話せないと冷遇される

今度はバスの運転手の男性に話しかけてみた。といっても、運転中にあれこれ喋ってもらって乗客を危険に晒すわけにはいかない。

目的地に着いてから話を聞かせてほしいと頼むつもりだったが、自分から「運転しながら話すよ」と言ってくれたので、好意に甘えることにした。もちろん安全を考えて、混雑しているところを走っているときは避け、主に、赤信号で停まっている間などに話してもらった。

運転手の名前はザック・アビーさん。44歳で、運転手歴は10年だという。正面から写真を撮るのはやめてほしいと言われたが、あとはフランクによく喋ってくれた。

アビーさんはエチオピア出身で、母国にいるときは会計士の仕事をしていた。米国に来てから職を転々とし、10年前にバスの運転手になったということだった。

「バスの運転手をしていて何が辛いですか?」と尋ねたら、「金を払わない人が多いのが辛いね」との返事だったので、思わず笑ってしまった。

——乗ってくる客がお金を払えないとき、運転手としてはどうするのですか?

「仕方がない。金がない客でも、俺は乗車を拒まないよ。『いいよ、乗りな』と言って、乗せてあげるんだ」

アビーさんは、発音に独特のアクセント（おそらくエチオピア出身者に特有の訛りだろう）があるものの、英語を普通に話す。

ただし、バスの乗客の多くは英語がほとんど通じない。それは意思疎通の上でかなり大変なことではないのか。トラブルの原因にならないのか。その点を聞いてみると、次のような答えだった。

「確かに英語が通じないことはしょっちゅうあるし、それは困るけど、俺からは『困った』とは言えないよ。スペイン語はわからないけど、わかったふりをするしかない。

この前なんて、うるさいおばさんに、スペイン語でワアワアまくしたてられて本当に参ったよ。彼女が怒っているのはわかったんだけど、何に怒っているのかがちっともわからなくてね。英語で聞き返しても要領を得ない。俺もこのときばかりは、彼女が怒鳴る声をなるべく耳に入れないようにしていたよ」

――この国のリーダー、トランプ大統領についてどう考えていますか？

「よくわからないなぁ。でも、俺は彼のことが好きになれない」

――どうしてトランプを好きになれないのですか？

「最近、俺みたいな、癖のあるアクセントの英語を話す人間は米国ではやりにくくなっているんだ」

意味がよくわからなかった。なぜ英語の発音に癖があると米国でやりにくくなっていて、それがトランプ大統領とどう関係があるのだろう？

その点をさらに尋ねると、アビーさんは詳しく説明してくれた。

「俺にとっては、いまのバスの運転手の仕事も悪くないけど、できれば米国でもまた会計士の仕事をしたいと思っているんだ。でも、言葉に訛りがあると難しくてね。

特にトランプが大統領になってから、明らかにそういう雰囲気が強くなっている。綺麗な発音で英語を話さないと、相手が明らかに不満そうな顔をする。英語にアクセントがあると、仕事の面接で採用されなかったり、ビジネスでクライアントができなかったり……。そんなことは、少し前までの米国ではなかったよ」

これは初耳だった。トランプ大統領にヒスパニック系の人々が目の敵にされ、肩身の狭い思いをしているということはわかるが、英語の発音に癖があると冷遇される雰囲気になっているとは知らなかった。

興味深い問題ではあるが、このアビーさんの話だけで米国社会のすべてがそういう風潮だと断じるわけにもいかない。今後、調べてみるテーマのひとつにしようと思いつつ、いまどんな生活をしているかを聞いてみた。アビーさんは自分から給料の話をしてくれた。

「ライド・オンのバスの運転手は、最初は時給17ドル（約1900円）から始まって、最高が32ドル（約3600円）になっているんだ」

——時給32ドルというのは悪くないように思えますが……。

「俺の時給は、17ドルと32ドルの真ん中より少し下のあたりだね。今後の昇給の可能性？　さあ、どうだろう。ただひとつ確かなのは、バスの運転手の世界でも『綺麗な発音の英語が話せるかどうか』が評価の基準になったら、俺の給料なんてもうこれ以上は絶対に上がらないってことさ」

アビーさんはハンドルを握り続けたまま、そう言って小さく溜め息をついた。その表情にはどこか諦観めいたものが感じられた。

私はその後、ワシントンDCの中心部を走るバスにも乗ってみたが、そこには確かに少数ながら白人の乗客もいた。ただし、その大半は観光客のようだった。

やはりバスの乗客には、ヒスパニックをはじめとする非白人、米国で一般に「マイノリティ」と称される人々が圧倒的に多い、という実感は変わらなかった。

人種差別撤廃のシンボルはいまや…

読者のなかには、私がなぜバスにこだわるのか、訝しく思う方もいるかもしれない。

理由は他でもない。かつて米国で、バスは人種差別撤廃のシンボルのような存在だったからだ。正確に言えば、1台のバスで起こった出来事がきっかけで、人種差別を撤廃しようという運動が火のように燃え上がったことがある。

ローザ・パークスという黒人女性をご存じだろうか。1955年12月、米国の深南部アラバマ州の州都モンゴメリーに住んでいたパークスは、仕事を終えて市営バスで帰宅するとき、白人優先席に座った（当時施行されていた人種分離法により、バスの座席は、白人専用の席、黒人専用の席、白人優先席の3つに分かれていた）。車内が次第に混んできたので、運転手はパークスに、白人の乗客に席を譲って黒人専用席に移るよう要求した。

ところが彼女は「席を立つ必要は感じません」と言って移動することを拒否。運転手は警察に通報し、パークスは逮捕された。

この事件は黒人たちを憤激させた。モンゴメリーではマーティン・ルーサー・キング牧師を中心に黒人たちがバスのボイコット運動を展開し、やがて連邦最高裁は「公共交通機関における人種隔離は違憲」とする判決を出した。

これは、米国では教科書でも教えられている有名な事件で、人種差別の撤廃に向けて、公民権運動の発端となった。何の変哲もない1台の市営バスの中で起きた出来事をきっかけに、歴史が大きく変わっていったのだ。

その大きな潮流の中で、やはりバスが大きな役割を果たす「フリーダム・ライド」という運動も起こった。

前述したローザ・パークス事件によって、バスにおける人種隔離は、建前上はなくなったことにされたが、実態は変わっていないところも多いと指摘されていた。そこで1961年、公共交通機関における人種隔離の廃止が本当に守られているかどうかを確かめるべく、白人と黒人の若者たちが並んでバスの席に座り、ワシントンＤＣから米国南部のニューオーリンズまで旅をする活動「フリーダム・ライド」がおこなわれた。

彼らが乗ったバスは、まだ差別がひどかった南部の各地で、投石を受けたり、タイヤを切られたり、放火されたりした。しかし、それらにも屈せずにフリーダム・ライドを続けたことで、当時の米国人たちに少しずつ、人種差別の理不尽さや愚劣さが理解されていった。

このように、バスは米国において、単なる乗り物ではなく、人種差別をなくす戦いの契機や舞台となった象徴的な存在でもあるのだ。

バスの白人優先席に座った黒人ローザ・パークスが逮捕されるという事件があったからこそ、公民権運動があれほど大きなムーブメントになり、さらにはるか後世、バラク・オバマが黒人として初めて米国大統領に選出されるに至ったと言える。

しかし、ローザ・パークス事件やフリーダム・ライド運動から半世紀以上が経ったいま、米国のバスはまったく別の意味で、人種間の格差を反映するものになっているようだ。私は米国で毎日バスに乗るようになって、そのことを肌で感じている。

もはや米国のバスに、白人専用席もマイノリティ専用席も白人優先席もない。それ自体は大いに結構なことだ。

しかし万一、そのような座席における人種隔離制度が復活したとしても、ローザ・パークス事件のようなトラブルは起こらないだろう。なぜなら白人がバスに乗らなくなったからである。かつて差別的な法によってバスの内部で隔離されていた白人と非白人は、いまや経済格差によってバスの内と外に分離されてしまったのだ。

トランプ大統領が聖域都市を屈服させ、公約通り多くのヒスパニック系不法移民を強制送還すれば、彼らが担ってきた数々の低賃金労働を誰が引き受けるのだろうか。そして、バスには彼らに替わって誰が乗るのだろうか。

バスの車内からスペイン語が消え、白人が乗客となる時代が再びやってくるのか。また、それはいまよりも望ましい社会なのか。現時点では、まだ誰にもわからない。

トランプ政権の言う「オルタナファクト（もう１つの事実）」は「虚数だ（ウソだ）」と掲げた少年

5章 科学者の抗議デモで、政権の言い分を「虚数のような嘘」と断じた少年

――王様の言動は間違っています！と科学者たちが手を組んで立ち上がった。「地球温暖化はでっち上げ」などと科学的知見を否定するような発言をし、環境保護という世界の緊急課題の解決どころか、それに逆行する政策を進めようとしている大統領。

このまま地球環境の破壊が止まらず、国力は衰え、事実と論理に基づく自由な議論ができない社会になってしまうのか。80歳の高齢者から14歳の中学生まで、首都で抗議の声を上げた人々にその思いを聞いた。

科学を軽視する大統領への怒り

２０１７年４月29日、ドナルド・トランプが「王」、すなわち米国大統領に就任して１００日目を迎えた。

米国で、この就任直後の１００日間は、誰もが立場や党派を超えて新大統領を支える期間とされている。「ハネムーン期間」という呼び方もある。

なりたてホヤホヤの大統領なんだから、政界もメディア界も最初の３ヵ月余りくらいはあまり厳しい目を向けずにサポートしよう、というわけだ。

しかしトランプ大統領に対しては、温かく見守ろうという雰囲気はほとんど感じられなかった。「ハネムーン」の最終日にメディアや世論調査会社が出した調査結果で、大統領への支持率は不支持率より軒並み低かった。彼で45代目になる歴代の米国大統領のなかでも、このような状況は過去にほとんどなかったと評されている

もちろん、選挙前と同じくいまなお熱狂的な応援の声を上げるトランプ支持者も少なくない。ただ、世論調査によると、今後のトランプ政権下の米国社会と自分の生活に不安をつのらせる人や、怒りと失望をあらわにする人は徐々に増えている。

トランプが大統領に就任した翌日の１月21日、「女性の大行進（ウィメンズ・マーチ）」という大

規模なデモ行進がワシントンＤＣでおこなわれたことは世界中で報じられたから知っている方も多いだろう。「トランプの女性差別的な言動は許せない」と怒った女性たちが実施したものだった。

それから3ヵ月が経ち、「ハネムーン」が終わるほぼ1週間前の4月22日、ワシントンＤＣの中心部に、再びトランプを非難する人々が集まった。ただし、今度は女性たちではなく、科学者たちだった。

トランプ大統領は「地球温暖化はでっち上げだ」と発言するなど、科学者の警告を無視する姿勢を取ってきた。それに対し、全米から科学者たちが首都に集まり、「科学のための行進（マーチ・フォア・サイエンス）」と名づけたデモで、怒りの声を上げたのだ。

科学に関する私の知識はきわめて限られている。しかし、先進国のなかでもとりわけ米国は科学を重視し、その成果を、経済でも安全保障でもビジネスでも優位性の原動力にしていることくらいは知っている。

科学者たちは、単に科学が軽視されたことに憤慨しているだけではなく、トランプの姿勢が米国の国力を低下させることに真剣に危機感を抱いているのかもしれない――。そう考えると、私も急に落ち着かなくなってきた。

当初、「科学のための行進」の日はのんびり過ごそうと思っていたが、休んでいる場合ではないと考え直し、取材に向かうことに決めた。

高齢を押して駆けつけた名誉教授

デモがおこなわれた4月22日を国連は「アースデイ（地球の日）」と定め、自然環境について考え、行動する日としている。この日に「科学のための行進」をすること自体、地球温暖化についての科学的知見を否定するトランプへの、強烈な異議申し立てと言えるだろう。

この日、朝からワシントンDCには冷たく強い雨が降り続いていた。

この天気では参加者もどれだけいるかわからないな…と思いつつ地下鉄に乗り、会場に近い街の中心部の駅で降りると、プラットホームに抗議のサインボードを持った参加者たちがたくさんいた。地上に出ると、当然ながらその数はさらに増えた。

品の良さそうな年配の男性参加者を見かけたので、話しかけてみると、にこやかに応じてくれた。ペンシルバニア大学名誉教授で建築学を教えるダン・レオンさんで、年齢は80歳だという。

アイビーリーグの名門大学の名誉教授という立場にあり、デモに参加しなくても誰にも文句を言われるわけでもないのに、高齢を押してわざわざ駆けつけてきていることに私はひそかに感動を覚えた。しかも、この冷たい雨のなかを、である。

本当にトランプ政権のやり方を憂えているのだろう。

レオンさんは、憤懣やるかたないという口調でこう語った。

「科学に目を背けたトランプ大統領の発言や、この政権のやり方に怒りを感じているんだ。私は建築家であって、科学者ではないけれども、科学がこの国を豊かにしてきたことを80年間ずっと見てきたよ。

それを無視した現政府の政策は、絶対に止めなければいけない。そう思うと、いても立ってもいられなくなって、ワシントンＤＣまでやってきたんだ」

レオンさんの熱い話を、隣で、息子くらいの年齢に見える中年男性がウンウンと頷きながら聞いていた。

「レオンさんとお知り合いですか」と私が尋ねると、「ついさっき、たまたま駅で出会って一緒に来たんですよ」と笑いながら答えてくれた。テキサス州のラボで再生可能エネルギーを研究しているジェレミー・マイヤーさん、45歳。

マイヤーさんは「昨年、パリ協定が結ばれましたよね」と前置きしてこう語った。

「せっかくパリ協定で『世界各国が一緒になって温暖化に取り組む』と決めたのに、トランプ大統領は、そこから脱退するかのような発言をしています。しかし、パリ協定の脱退はあまりにも大きな過ちです。

私が研究している再生可能エネルギーは、地球のサステナビリティのために非常に重要なのはいうまでもありませんが、ビジネスとしても大きなチャンスを持っています。

それを再び化石燃料の時代に戻すというのは、私たちが積み上げてきた科学的な蓄積を無視した行為であり、いろいろな意味で巨大な損失になる。黙っていられないと思いました」

80歳のレオンさんも、45歳のマイヤーさんも、家族と一緒に来たのだという。高齢の建築家と中堅世代の再生可能エネルギー研究者がそれぞれの家族を連れてデモに参加し、ばったり会って意気投合したというのが面白い。

科学者の思いを子供に知らせたい

家族で参加している人たちは他にも多くいた。ここがデモにおいても米国的というべきか、日本と違う点かもしれない。

地下鉄の駅から会場に向かって歩いていると、参加者たちのなかに、大きなサインボードを持った中年女性と10代くらいの少女の2人連れが目についた。話しかけてみると、親子なのだという。彼女たちのサインボードには「ＮＩＨ（米国立衛生研究所）よ、ありがとう」と記されている。ＮＩＨは、世界の医学の最高峰とされる巨大な研究施設である。

2人はこの行進に参加するため、テキサス州からはるばるやってきた。母親の名前はシャイン・モリスさん。

大学の医学部で研究職についているという彼女は、きっぱりとこう語った。

「トランプ大統領はＮＩＨの予算を大幅に削っています。ＮＩＨはいろいろな大学や研究機関も支援していますから、その予算が削られれば、米国の科学研究そのものが厳しい状況に追い込まれてしまいます。決して見過ごすことはできません」

娘さんも将来はサイエンス分野の研究者になりたいと希望している。そこでモリスさんは、さまざまな科学者の思いを娘に知ってもらうには良い機会だと、テキサスから連れてきたという。

フィラデルフィアで医師をしている54歳の男性マイケル・マルドナードさんも、家族連れで参加していた。しかも総勢８人という大所帯。

恰幅のよいマルドナードさんは、トランプ大統領の姿勢に「怒っている」と言い切った。

「トランプ政権は、科学の持つ長期的な利益をまったく考えていないよ。彼らが考えているのは、ビジネスの世界のきわめて短期的な利益にすぎない。だから、気候変動についても短期的にしか見られていないじゃないか。

それに抗議しようと思って、今日は家族で来たんだよ。特に子供たちに見せたい。ここに集まっている皆の怒りをね」

それを聞いたマルドナードさんの娘さんが、笑顔を浮かべて父親を頼もしそうに見つめていた。

私は会場に向かう道で取材を進めながら、この「科学者のための行進」の雰囲気にある種の親近感を覚え始めていた。

参加者たちの間に、確かにトランプ政権への怒りはある。しかし、興奮して荒れ狂う人もいないし、シュプレヒコールの声も聞こえない。笑顔があちこちに見える。

皆、静かに怒りを共有しながら、どことなくリラックスした雰囲気で、思い思いに歩いている。一部の人には、楽しんでいる雰囲気もうかがえる。そのバランスがどこか心地良い。

オバマの置き土産を踏みにじる

前出のジェレミー・マイヤーさんが話したように、トランプ大統領は「すべての加盟国が地球温暖化の防止に取り組む」としたパリ協定からの脱退を示唆している。科学者たちが指摘する気候変動そのものに根拠がない、というのが彼の主張だ。

実はパリ協定が採択された2015年12月、私はNHKのデスクとして、現地でその国際会議の取材の指揮を執っていた。だから実感を持ってわかるのだが、パリ協定の締結に懸ける当時のオバマ米大統領の思いは半端ではなかった。

パリ協定のための国際会議では、はっきり言って、日本政府など存在感のかけらもなかった。一方、米国政府は次々と手を打って、各国を精力的にまとめていった。

きわめつけは、オバマ大統領の演説だった。

これは、参加国の首脳たちがそれぞれ決められた時間内に自国の立場を説明するというもので、制限時間を超えるとチャイムが鳴ってスピーチは終わる。ところが、オバマはチャイムの音を聞いても話すのをやめなかった。二度、三度とチャイムが鳴ってもまったく動じることなく、前を向いて語り続けた。

なぜ、すべての国が一致団結して早急にこの問題に取り組まなければならないか——。オバマが全世界に向けて滔々と訴えかけた内容は、すべてこの一点に集約されていた。

私はその時、米国政府のブースに設置された大画面で、スピーチするオバマの姿を見て、すっかり圧倒された。世界をリードする最高指導者の覚悟が伝わってきた。

それまでの米国は、地球温暖化を防止しようとする人たちにとって、敵のような存在だった。国内だけでも巨大企業や議会をはじめ、多くの反対勢力がいた。

オバマにとってパリ協定の締結は、最後の政治生命を懸けた勝負だったろう。その情熱的な語り口に感極まったのか、私の隣で一緒に画面を見ていた米国政府の男性職員が目に涙を浮かべていた。

パリ協定は、オバマと米国の必死の努力のおかげで成立したようなものだった。その結果、地球の環境を守るために全人類を挙げてのチャレンジがスタートしたのである。

オバマが私たちに残した大きな置き土産だった。

ちなみに、私の隣で涙を浮かべていた米国政府職員は、地球温暖化問題を含めて環境規制などを担当する米環境保護庁（ＥＰＡ）の職員だった。彼にとっては、自分が打ち込んできた仕事を大統領が世界の最重要課題と位置づけてくれ、感無量だったに違いない。

ところが、それから1年あまり後、事態は一変する。

新たに大統領の座に就いたトランプが議会に提出した予算案で、ＥＰＡの予算は30％以上も削減されているのだ。あのＥＰＡの職員は、どんな思いで予算案の中身を見たことだろうか。

しかも、トランプ大統領がＥＰＡの長官に任命したスコット・プルイットは、過去にＥＰＡの温暖化対策を非難し続けてきた人物。自動車業界に支持され、温室効果ガス排出規制などをめぐって何度もＥＰＡへの訴訟を起こしてきたプルイットが、あろうことかそのＥＰＡのトップになったのである。

世界中が本気で進めようとしている地球温暖化防止対策のみならず、化学物質削減や水質保全などの施策の多くも、米国では政権に〝潰される〟ことになりそうだ。

標的にされているのはＥＰＡだけではない。

前述したシャイン・モリスさんが「ありがとう」と書いていた米国立衛生研究所（ＮＩＨ）の予算は、18％の削減案が示されている。「世界の年間平均気温は毎年上昇している」などと、気候変動の根拠を提示してきた米海洋大気局（ＮＯＡ）の予算も大幅にカットされる予定だ。

大気、水質、海洋、医学…とさまざまな領域で、最先端の「科学の知」を武器に世界をリードしてきた米国。その推進役を担ってきた各政府機関が、最高権力者によって狙い撃ちにされているわけだ。

米国の国益にとっても、世界の改善にとっても、トータルで見て大きなマイナスにしかならないだろう。

では、トランプという「王」はなぜそんなおかしなことをするのか？　「地球温暖化はでっち上げ」といった根拠なき放言を口にするのか？

それは、科学的な知見とやらがいたずらに企業の経済活動を縛り、自由なビジネスの発展を妨げているから――というのが彼の政権の説明だ。

温暖化を防がなきゃいけないから石油や石炭を使うな？　冗談じゃない。石油や石炭を掘らなきゃ、油田労働者も炭鉱労働者も食っていけないじゃないか。温暖化と言っても、人間が生きていけないほど暑くなったわけじゃないだろう。何十年も後に地球がどうなるかなんて、インテリどもの気取った話はどうでもいい…というのが、トランプの言い分を私なりにざっと意訳したものである。

絶対に認められない

デモの会場は、ワシントンDCの中心部に位置するナショナル・モール公園。奇しくも1月20日、トランプ大統領の就任式を見に来た人たちが集まった場所でもある。

私がナショナル・モール公園に到着したときは、すでに周辺まで多くの人に埋め尽くされ、特設ステージに近づくことはできなかった。

ただし、大型のスクリーンが何台か設置されており、ステージ上の演説などを遠くからでも見られるようになっている。これも、トランプ大統領の就任式に似ている。

冷たい小雨が降るなか、参加者たちは思い思いにサインボードやプラカードを掲げたり、スクリーンに視線を送ったりしている。やや肌寒いが、まだ帰っていく人の姿は見られない。

「あっ、猫耳の帽子だ」

私は思わず声に出していた。前述した「女性の大行進」に参加した人たちの多くが、猫の耳の形をしたピンクのニット帽をかぶっていたが、「科学のための行進」でもこれを着用している女性がいたのだ。ちなみに猫の耳の形をしたニット帽には理由がある。これは、トランプが過去に、「自分ほどの成功者になると女性の陰部を触ることはわけない」という趣旨の発言をしたとされることと関係している。英語で子猫と女性の陰部を意味するスラングが同じことから、「触れるものなら触ってみなさいよ」という女性たちの強い反発を示しているもので、自然発生的に全米に広まった。

ナイガリー・ハーニーさん、28歳。大学院の博士課程で物理学を学んでいるという。

ハーニーさんが持つボードには「私はオルタナティブ・ファクト（もうひとつの事実）ではなくオルタナティブ・ハイポセシス（対立仮説）を支持します！」と書かれていた。

「オルタナティブ・ファクト」とはトランプ政権が虚偽を事実だと強弁するときに使って有名になった言葉である。それを皮肉っている点といい、ピンクのニット帽といい、ハーニーさんがトランプ大統領にかなり反発していることがうかがえるが、表情は穏やかだ。

微笑を浮かべながら彼女はこう語った。

「科学の声に耳を傾けない人がこの国のリーダーになっていることに、私は恐ろしさを感じます。米国がそういう国になることは絶対に認められません」

この「科学のための行進」の参加者に限らず、いろいろな米国人にトランプ大統領についての意見を聞いていると、おしなべて男性より女性のほうが、大統領と政権に怒りを持っているように感じられる。

「女性の大行進」は、トランプの女性蔑視的な言動への抗議デモなので、参加した女性たちが彼に怒っていたのは当然だが、中高年向け求職イベントを取材したときなども、女性たちからより強い反トランプ感情が伝わってきたように思う。

もちろん、私が見聞した範囲内の印象なので、それが米国全般での傾向だというのは早計かもしれないが。

自由な議論が封じ込められていく

そんなことを考えていると、またも〝怒れる女性科学者〟に出会った。ワシントンDCの研究機関に所属するデビー・グラフさん。

彼女は、科学者仲間たちと一緒に行進に参加しており、「科学が米国を偉大にする（Science Makes America Great）」と書かれたプラカードを持っていた。いうまでもなく、これはトランプ大統領の有名な選挙スローガン「米国を再び偉大にしよう（Make America Great Again）」のもじりだ。

後ろの男性が持つボードには、太い文字で「抵抗せよ！（Resist!）」とあった。

グラフさんから話を聞かせてもらう承諾を得た私は、名前や職業の次に、年齢を尋ねた。すると彼女は「あなた、トランプみたいな質問しないでよ」とジョークめかして答えてから、一気にこう語った。

「トランプは科学を政治にしてしまったのよ。科学における客観的な事実やデータを政治でねじ曲げるというのは、絶対にやってはいけないこと。でも、トランプはそれをやって、しかも威張っているでしょ。

そんなことを認めちゃいけない。私たちが立ち上がらないで、誰が立ち上がるのよ？」

女性に比べて感情をあらわにする人が少ないとは言え、このデモに参加している以上、男性もトランプ政権を真っ向から批判する人が多い。

私が話を聞いた男性の中では、66歳のラリー・ムッティさんの口調が最も迫力があった。大学で化学を教えているというムッティさんは、「科学は好奇心から生まれる」と書かれたボードを抱えながらこう説明してくれた。

「トランプのやっていることがなぜ恐ろしいのか、君はわかるかね？　彼がやっているのは、科学の知見を無視する行為であって、それを許していると、やがて科学にとって必要な行動が取れなくなってしまうんだよ。

では、科学にとって必要な行動とは何か。それは、真実を探求するための自由な質問や討論だよ。わかるかな？

科学というのは、一般の人々から遠い世界の話ではないんだ。科学をおろそかにするということは、その科学の探求において私たち科学者がおこなう大切な過程、つまり、事実と論理に基づいた民主的な議論をおろそかにするということだよ。

想像してほしい。真実を明らかにするための自由な議論がなおざりにされ、封じ込められ、政治的な判断ばかりがそれに取って代わる社会がどんなに恐ろしいかを」

ムッティさんの語り口はどこまでも理知的で、いかにも大学の先生が講義しているかのようだった。しかも、ときどき「わかるかな？」と問いかけながら話してくれるので、聞いている私のほうも理解しやすく、助かった。

ただし温厚そうな声の裏には、絶対に節を曲げないのだという強靭な信念が感じられた。

「君は日本から来たんだね。では日本の人たちにも伝えてほしい。私はかつて日本人と一緒に研究したこともあるし、日本は好きな国だ。

でも、日本は昔、大きな過ちを犯した。わかるよね？」

私は黙ったまま頷いた。ムッティさんの言う「昔の日本が犯した大きな過ち」が、かつて無謀な戦争に突き進んだ過去を指していることは明らかだった。

「なぜ昔の日本は過ちを犯してしまったのか？　それは当時の日本社会で、真実を明らかにしようという自由な議論ができなくなったからじゃないのか。

科学的思考のかわりに政治ばかりが幅を利かせれば、本当のことが言えなくなり、人々が大きな被害を受ける。そしていま、私が愛してやまないこの米国も、そういう国になろうとしているんだ」

雨足がまた強くなってきた。しかし、そんなことは一向に気にならない様子でムッティさんは語り続ける。

結局、私が話を聞いている間、ムッティさん夫妻は最後まで傘を差さなかった。

ユーモアと皮肉がたっぷり利いた文言

会場のスクリーンを見ると、次から次へとステージに上ってトランプ批判を口にする科学者たちが映し出されていた。ただし、彼らの発言がいくら辛辣になっても、この集会に張りつめた雰囲気が生まれることはいっさいなく、どこか伸び伸びとして自由な印象は変わらない。

やがて、ミュージシャンたちがステージに上がると、あちこちから大きな歓声が上がり、一帯はコンサート会場のようになった。

歌い手が歌いながらときどき拳を突き上げるが、政治的なプロテストというより、場を盛り上げるために「ノッてるかい？」と呼びかけているような感じだ。これに参加者たちは「ウォー！」「ヒューッ！」と大声で応じ、無数のサインボードやプラカードがいっせいに揺れる。

このサインボードやプラカードに書かれた文言は、先に少し紹介したが、なかなかウィットに富んだものが多い。たとえば、日本ではありがちな「トランプ大統領は退陣せよ」といった味気ないものは皆無だ。その辺は、ユーモアとジョークを好む米国の国民性をよく反映していると思う。

トランプ大統領の選挙スローガン「米国を再び偉大にしよう（Make America Great Again）」をもじった「科学が米国を偉大にする（Science Makes America Great）」というのがあったことは前述したが、

似たようなバージョンを他にもいくつか見かけた。

たとえば「米国を再び考えさせよう（Make America Think Again）」とか「科学が米国を再び賢くする（Science Makes America Smart Again）」とかいったものだ。

どれもなかなかうまいな、と感心してしまった。

トランプへの皮肉では「科学はフェイクニュースではない」というものもあった。これはもちろん、トランプが「ニューヨークタイムズ」など自分に批判的なメディアの報道を「フェイクニュース（偽のニュース）だ」などと述べたことを踏まえている。

韻を踏む言い回しも、この種の文言ではよく見かける。今回のデモでは「沈黙（サイレンス）ではなく、科学（サイエンス）が必要だ（Need Science Not Silence）」というものがあった。

「海面が上がっていき…私たちも立ち上がる（Oceans Are Rising … So Are We）」という文言も印象に残った。これは、rise（上がる）という単語を、地球温暖化によって海面が上昇することと、トランプ政権への抗議のために自分たちが立ち上がることの両方の意味に掛けた、ダブルミーニングとして使ったものだ。

やや過激なところでは「気候変動のすごいニュース！　マール・ア・ラーゴがまもなく水没する！」と書かれたプラカードを持った男性もいた。

マール・ア・ラーゴとは、フロリダ州パームビーチにあるトランプ大統領自慢の別荘だ。彼が週末の多くを過ごすこともあって「冬のホワイトハウス」と呼ばれ、安倍晋三首相も二度にわたって招かれている。

美しい海に面したこの豪邸が、地球温暖化による海面上昇で水没してしまう——。温暖化対策を切り捨てようとするトランプ大統領に対し、「そんなことをすると、あなたの自慢の別荘が沈んじゃうよ！」と皮肉っているのだ。

また、白熊の着ぐるみをかぶるという手の込んだことをしている人もいた。地球温暖化で白熊が絶滅の危機に瀕していると言われていることを踏まえてのコスプレ（？）らしい。

その足元の地面には大きなポスターが敷かれ、「科学の否定は耐えられない（Science Denial is Unbearable)」と記されている。熊を意味する「ベア」と、耐えられないという意味の「アンベアラブル」を引っ掛けているわけだ。

本当のことを叫んだ少年

ウィットと批判精神にあふれた様々な言葉の中で、これが極めつけではないかと私が最も心惹かれたのは、次の文言だった。

「オルタナティブ・ファクトは$\sqrt{-1}$だ（Alternative Facts are $\sqrt{-1}$）」

トランプ政権が虚偽を語りながら、それを「オルタナティブ・ファクト」、つまり「もうひとつの事実」だと強弁したことへの手厳しい批判だ。オルタナティブ・ファクトなど、-1の平方根（i

＝虚数単位）のような実態のないものに過ぎない、と断じているのである。

しかも、これを掲げていたのは大人ではない。地元の中学校に通う14歳のグラハム・サイモン君という少年だ。

ご両親の許可を得て話を聞くと、しっかりした口調で答えてくれた。

――この言葉は、君が自分で書いたの？

「はい、そうです」

――どういう意図を込めたのですか？

「トランプ大統領（実際は政権幹部＝筆者註）が言うようなオルタナティブ・ファクトなんて存在しません。そう考えて書きました」

――つまり、「オルタナティブ・ファクト」というのは嘘だと？

「はい。虚数のようなものだと思います」

「虚数」という言葉を聞いてぎくりとした。負の数の平方根のことで、英語では「imaginary number」と言い、直訳すると「想像上の数」となる。その中でも、サイモン君が書いた$\sqrt{-1}$は、前述の通り「虚数単位（imaginary unit）」と呼ばれる。

「もう1つの事実」なんてもっともらしいことを言っても、本質はどこにもありはしない虚妄、つまり「嘘」じゃないか――。

サイモン君の話を聞いているうちに、彼が何やら、「王様は裸だ！」と本当のことをひとり叫んだ、アンデルセン童話に登場する少年のように見えてきた。
現実世界でサイモン君が口にしたのは、要は「王様は嘘つきだ」という一言。誰もが言えるわけではないことを、彼は的確に、ウィットを利かせて指摘していた。

ナショナル・モール公園での集会は午後2時に終わり、次いで行進に移ることになった。しかし、あまりにも多くの参加者が会場と道路を占拠するような形になってしまったため、おいそれとは動けない。

皆、そこから1㎞と離れていない連邦議会前の広場（トランプ大統領の就任式の場所でもある）まで、ノロノロと歩みを進めるしかなかった。

米国ではデモ行進もかなり自由な行動だ。日本のように、参加者が列を作って整然と歩いたり、シュプレヒコールの声を上げたりといったことはいっさいない。

のべつまくなしにお喋りに興じている人や、お菓子を食べている人、写真を撮りまくっている人、スマホをいじってばかりの人……と、皆、好き勝手なことをしながらだらだらと歩いている。途中でスッと消える人もいる。

最終目的地の広場に着いてからも、スピーチなど何か特別なことがあるわけではない。そのまま自然に解散となり、私も地下鉄とバスを乗り継いで帰宅した。

声を上げずにいられますか

このように科学者たちがタッグを組んで大統領に大々的に抗議する、というのはよくあることなのか。在米29年のジャーナリスト・池原麻里子さんはこう語る。

「米国では以前から、政府と科学者たちは近い関係にありました。核兵器開発や宇宙開発といった分野では、両者が一体となって進めてきた部分も大きい。

そういう経緯があるにもかかわらず、科学者が政府を批判するデモを行うというのはきわめて異例です。私が知る限り、初めてのことです」

——こうした動きを、トランプ本人はどう見ているのでしょうか？

「トランプ大統領は（科学のための行進を）まったく気に留めていないようなそぶりを見せていますが、実はかなり気にしているという話を聞いています。

彼は、大統領就任式の参加者数くらいのことで『メディアは実際より少なく報じている』などと批判したでしょう。まして、自分を批判するデモに何人参加したかは注視していたと思います」

参加者が何人だったのかについては、大統領就任式や「女性の大行進」と同じく正式の主催者発表などはないので、正確な数字はわからない。数千人から数万人まで諸説あるが、「女性の大行進」

のような数十万人という規模には及ばないようだ。

ただ、現場の道が参加者に〝占拠〟されていたことを考えると、おそらく全米各地から、科学者とその家族や友人知人を合わせて、数万人単位の人が集まったのではないかと思われる。

「科学のための行進」の主催者は、ウェブサイトにこう記している。

「このように科学者たちが政治的な動きをすべきかどうかについて、非常に多くの話し合いがなされました。しかし、科学的コンセンサスへの不信を増し、科学上の発見を制限するような憂慮すべき風潮に直面して、私たちは(話し合いの)代わりに問いかけることにしました」

その問いかけの言葉とは、以下の一言だった。

「私たちは、科学を守るため、声を上げずにいられるでしょうか?」

切実な危機感がひしひしと伝わってくる一言だ。ただし今後のトランプ政権下で、声を上げて守る必要のあるものが「科学」だけに留まるとは限らない。

前述のラリー・ムッティさんが言うように、今後ますます真っ当な科学的知見が退けられ、その代わりに政治的判断ばかりが主導権を握って、事実と論理に基づく民主的な議論が押し潰されるようになったら――。

おそらく、先の問いかけの言葉にある「科学」を「自由」に置き換えなければならなくなるだろう。もちろん、そんな社会の到来を待ち望んでいる人はいないと信じたいのだけれども。

オハイオ州で開かれたロボット大会。会場中央のアクリルケースがロボットのリンク

6章 製造業とプライドを取り戻すために、オハイオの人々は「王」を選んだ

——不況とリストラに苦しむ米国中西部の人々は、なぜ熱狂的に「王」を支持しているのか。圧倒的多数を占める白人たちは、なぜオバマやヒラリーを嫌い、失われたものづくりの復活に必死になっているのか。「トランプを大統領に押し上げた最重要州」オハイオを訪ねて聞いた、さまざまな立場の人の声は？

ロボットの格闘技に盛り上がる人々

ガシャーン、ガンガン、バリバリバリ…。金属が激しくぶつかり合う音が広い体育館に響き渡る。床の中央には、縦横が2メートル、高さ2メートルほどのアクリルガラスの直方体が置かれている。この透明なケースの中で、2つの金属の塊が動き回ってひっきりなしに衝突を繰り返し、派手な音を立てているのだ。

行われているのは「ロボットの格闘技」である。アクリルガラスのケースをリングに見立て、その中で、2台のロボットが互いに相手を破壊しようと戦っているのだ。

ロボットと言っても、多くの人がすぐに思い浮かべるような2足歩行型ではなく、自動車のように4輪が付いて、前後左右に走行する。〝車高〟はおおむね低い。それを、人間が外からコントローラーで動かして、相手と激突させるのだ。

なかには、先端に歯車が付いたアームを持つロボットや、相手を上から叩き潰すためのハンマーを備えたロボットもあった。

ケースの周りを、数人ずつ、2つのチームに分かれた若者たちが取り巻き、興奮した様子で口々に声援を送っている。彼らは自作のロボット同士を戦わせているのだ。

チームの中では、コントローラーを持った若者だけが黙ったまま、鋭い視線で戦いを追いつつ、せわしなく操作の手を動かしていた。

観客席は200人くらいの見物人でぎっしり埋まっていた。家族連れの姿もちらほら見える。彼らも、ケースの周りの若者たちに劣らず興奮している。

「もう一発、カマしてやれ！」

「あんなの、やっちまえ！」

野太い声で野次が飛ぶ。それを受けて、また別の野次が飛び、声援が上がる。まるでプロレス会場のようだな、と思った。

実際、それはプロレスだった。やがてドーンという音と共に、戦っている2体のうち1体が吹っ飛んで、アクリルガラスに衝突した。部品が飛び散り、ロボットは動かなくなった。

すると、プロレスのレフリーの服を来た男性がケースに入り、壊れたロボットの前でダウンを宣告し、「ワン、ツー、スリー」とカウントを取り始めたのだ。

コントローラーを持った若者が血相を変え、〝ダウン〟したロボットを再起させようと、手元で必死の操作を続けた。しかしロボットはピクリとも動かぬまま、テンカウントが告げられて、試合は終わった。勝ったチームの若者たちが歓声を上げ、ハイタッチしたり拳を合わせたりして、喜びをあらわにする。

会場では、こうした試合が延々と続いた——。

このロボットの格闘技大会とも言えるイベントが開かれていたのは、米国中西部のオハイオ州デイトンにある州立大学の体育館だった。

オハイオ州といえば、米大統領選挙における「重要州」とされており、1964年以来、ここで勝利した候補はすべて当選している。「オハイオを制する者は全米を制す」と言われ、2016年11月の大統領選でも、オハイオ州で勝ったことがトランプを当選に向けて大きく前進させた。いわば、「トランプを王にした州」なのである。

デイトンはそのオハイオ州でも、周辺圏を含めて人口80万人を超える有数の規模の都市。産業は製造業が中心で、長く不況に悩まされているとされる。

ロボットの格闘技大会に参加したのは、オハイオ州の各高校のチームが中心だった。他に中学生のチームや大学生のチームも加わって、合計44のチームが優勝をめざして戦っていた。

どのロボットも、1日に何度も対戦する。そこで各チームとも、試合が終わるごとにメンバー全員で議論して、破損した部分の修理をしたり、性能の改良を施したりして、勝つための工夫を重ねていた。

ここには白人しかいない

オハイオ州を訪ねるのは二度目だった。

私はふだんワシントンＤＣで暮らしているのだが、この首都にいても、なぜトランプが大統領になれたのかはまったくわからない。住みはじめた２０１７年の元旦以来、半年近くが経ったが、この街では「トランプを支持する」と言う人にめったにお目にかかれないからだ。

それも当然の話で、先の大統領選挙で彼に投票したワシントンＤＣの有権者は、全体のわずか４％にすぎない。

以前、ワシントン・ポスト紙で、この首都に住んでトランプを支持する人たちに意見を聞くという特集が組まれたことがある。４％という超マイノリティに属する人たち……失礼ながら、何やら〝珍獣〟扱いをされているようだった。

そういう状況のワシントンＤＣに住む人々の意見を尋ねても、「なぜトランプ王国が誕生したのか」という理由をリアルに知ることは難しい。では、米国のどの地域で話を聞けばいいのか。

私は、オハイオ州、ミシガン州、ペンシルバニア州など中西部でトランプが強く支持されたことを踏まえて、それらの州で取材をしようと考えた。そして、オハイオ州デイトンを初めて訪ねたとき、知り合った地元の中小企業経営者から「トランプを支持する人たちの話を聞きたいのなら、彼らの思いを知るのにちょうどいいイベントがあるよ」と教えられた。

そのイベントというのがロボットの格闘技大会であり、観戦に集まった人々の声に耳を傾けようと思って、この街を再訪したのだ。

そういう経緯でやってきた大会の会場に入った瞬間、私はあることに気づいた。

ここには白人しかいない――。

観客席にいる人々も、ロボットを動かしている若者たちも、白人ばかりだった。黒人やヒスパニック、アジア系の人々が多いワシントンDCとは大きく異なっていた。

ニューヨークや西海岸でも、こういう光景は見られないだろう。

特に、ロボットという工学系のイベントの会場に白人しかいないことには、強い違和感を禁じ得なかった。

米国では、工学を含め理科系に強い人材は、中国人や韓国人、インド人、日本人など非白人が主流だ。だから、ロボットのイベントなどと聞くと、「非白人が活躍している場」というイメージが反射的に浮かんでくる。

しかし、目の前で必死にロボットを操っている若者たちは、すべて白人だった。観客席でヤジや応援の声を張り上げているのも、白人ばかり。

もちろん、オハイオ州の人口に占める白人の比率が80％以上という事情も反映されているのだろうが、ここまで非白人がいない場とは想像もしていなかった。

観客席には、ひときわ熱心に声援を送っている、私と同世代と思しき男性がいた。話しかけてみると、気さくに答えてくれた。スコット・ハラさんという名前で、年齢は53歳。

――今日はお子さんの応援で来たのですか?

「いや、違うよ。私はエンジニアなんで、こういう催しが好きで応援に来たんだよ。あんた、日本から来たの? おお、そうか。実は私はホンダの工場で働いているんだ」

2008年、米国の自動車メーカーGMは、このデイトンの郊外モレーンにあった工場を閉鎖し、広大な跡地と数万人の失業者を残した。最近では今年1月、GMはオハイオ、ミシガン両州で合計2000人を解雇している。

周辺の産業も含めれば、GMの撤退で職を失った人は数万人と見られている。

ところが、同じオハイオ州のメアリーズビルに拠点を持つホンダは、そのような大規模な撤退やリストラをしていない。いくらかの人員縮小はあったかもしれないが、GMとは比較にならないほど小さい。ハラさんはその証人のような存在だ。

私は単刀直入に尋ねてみた。

――こういうロボットのイベントを開催すると、トランプ大統領が言うように、製造業が本当に復活するものでしょうか?

「そうなると思う。製造業が魅力的だということが、この大会を通じて多くの人に伝わるのは間違いないからね」

――やはり大統領選ではトランプに投票したのですか?

「そうだよ。誰だって、ヒラリーよりトランプがいいと思うだろ」

ハラさんはあっさりと答えた。あたかも「米国の首都はワシントンDCに決まってるだろ」とも言うような口調だった。

そうか、誰もが「ヒラリーよりトランプ」と思うものなのか……。

この街では、私がそれまで会ってきた人たちと正反対のスタンスが〝常識〟らしいこと、それにハラさんの口調があまりにもさらっとしていることに、私は内心、驚きを覚えていた。

オバマもヒラリーも社会主義者だ！

ケースの周辺で工具を持って走り回っている男性がいた。スティーブン・スタウブと名乗った。地元で機械の製造会社を経営する47歳。このイベントの主催者でもあるという。

一息ついたところで、「王」について尋ねてみた。

「勿論」トランプを支持すると話した。

「トランプ大統領は米国を再び、ものを作れる国にしようとしているんだ。それこそ、我々が求めてきたものだ」

なるほど、モノづくりの米国かぁ…。確かに、そういうイメージでは米国もトランプも見ていなかった。

「TPP（環太平洋戦略的経済連携協定）やNAFTAからの脱退も表明しました。税制改革もすぐやると言っている。これだけのスピード感でものごとを進める大統領は初めてです。政権発足から100日でこんなにたくさんのことを矢継ぎ早にやった大統領は過去にいません」

他にもいろいろな人に話を聞いたが、皆、異口同音に「トランプを支持する」「トランプは米国にものづくりを復活させてくれる大統領だ」と語った。製造業で繁栄した歴史を持つ州であることは知っていたが、ものづくりがここまで人々の心の拠り所になっているとは思わなかった。

そういう背景があるからこそ、大半の人がトランプを支持し、またロボットの格闘技大会が開かれたりするのか…。トランプ人気のからくりがおぼろげに見えてきた、と思ったとき、後ろから声をかけられた。

「日本から来たって聞いたけど、よくこんな遠くまで訪ねてきたね」

振り向くと、年配の男性が立っていた。アンソニー・キャンベルさんという70歳の男性で、この州立大学の卒業生だという。「いまも保険会社のエージェントとして働いているよ」と自己紹介してくれた。

卒業生と聞いて、気になっていたことを尋ねてみた。ここは州立大学であるにもかかわらず、名称は「オハイオ州立大学」ではなく「ライト州立大学」である。なぜだろうか？

キャンベルさんは私の質問に笑って答えた。

「ハハハ。そんなことも知らないで来たのか。ライト兄弟のことは知ってるよね？　日本の学校では教えないのかな。あのライト兄弟だよ」

ライト兄弟とは、いうまでもなく、動力の付いた飛行機を発明し、世界で初めて有人動力飛行に成功した2人の兄弟だ。歴史上、世界で最も有名な米国人と言える。

——ライト兄弟については、飛行機を開発した偉人として、日本でも皆が知っています。

「そうか。このデイトンの街は、実はライト兄弟の故郷でね。それで州立大学に『ライト』の名前が冠されたんだ。

製造業が盛んだっただけでなく、近代的な飛行機が生まれた土地という意味でも、ここはものづくりの故郷と言える。そういうこともあって、大学も地域もロボットの格闘技大会に力を入れているんだよ」

トランプ大統領誕生の理由を探っていって、ライト兄弟という歴史的なビックネームにつながるとは予想もしていなかった。「そうだったのか…」と驚いている私に、キャンベルさんがこんな提案をしてくれた。

「大会はまだまだ続くし、しばらくすると休憩にも入る。時間はあるんだろう？ よかったら、ライト兄弟の家に連れて行ってあげようか」

嬉しい誘いだった。会場に来ている人たちに話を聞けたのはよかったが、延々とロボット同士の衝突を見続けて、やや飽きかけていたのも事実だった。

このものづくりの街で大半を占めるトランプ支持者たちが誇りにしている偉大なライト兄弟。地元におけるその精神的支柱ぶりを知るために、生家を見ておきたいと思った。

私は「ありがたい話です。ぜひ連れていってください」と応じると、キャンベルさんと一緒に体育館を出て、車に乗せてもらった。

運転を始めたキャンベルさんに、まだタイミングは早すぎるかと迷ったが、思い切ってトランプ大統領のことを尋ねてみた。

先のハラさんの、あまりにもストレートな支持論がまだ強く印象に残っており、それが一般的なものかどうかを確かめたくて仕方がなかったのだ。

――率直にうかがいますが、大統領選挙ではトランプに投票したんですか？

「そりゃそうさ。ヒラリー・クリントンなんかに入れるわけがないだろう。

この国を社会主義にしようとする連中に、政治を任せることなんてできるものか」

ヒラリーが社会主義者？　民主党内で彼女の対立候補だったバーニー・サンダースは、貧困問題の解決を訴えて民主社会主義者を自称していたが、ヒラリーが社会主義者という話は初めて聞いた。むしろ世間では「巨額の資産を持ち、蓄財が上手な女性」というイメージが強かったような気がするが……。

――ヒラリーは社会主義者…なんですか？

「そう。オバマもヒラリーも社会主義者だよ！　ひどい連中だ。彼らは国民をどれだけ政府のコントロール下に置けば満足するんだ！」

キャンベルさんは急に興奮した様子で話しはじめたので、しばらく質問はせず、相槌を打つだけに留めておくことにした。彼はひとしきりオバマとヒラリーをこき下ろすと、「まずは昼飯を食べよう」と言って、一軒の雑貨屋の脇に車を停めた。

政治家は信用できないが、トランプは違う

１９７０年代のドラマ「大草原の小さな家」でオルソンさんが経営していた雑貨屋のようだな…と思いつつこぢんまりした店に入ると、中は客でかなり混雑していた。やはり白人ばかりで、非白人はおそらく私だけ。

雑貨屋の奥がレストランになっていて、私たちは席に着くと、おいしいと評判だというハンバーガーを注文した。

ハンバーガーを頬張りながらも、キャンベルさんの政治談義は止まらなかった。オバマやヒラリー、つまり民主党の政治家たちのことを考えはじめると、どんどん頭に血が上っていくらしい。「ライト州立大学で私は政治学を学んでいたんだ。その私に言わせれば、民主党政権というのは社会主義政権だよ。民主主義と相容れないのは目に見えているだろう。すべてを国家がコントロールしようとし、嘘を振りまいてばかりだったじゃないか」

あれ？「すべてをコントロールしようとする」「嘘を振りまく」って、トランプのことじゃない

の？　と思ったが、口には出さなかった。キャンベルさんはオバマ政権とヒラリーを、民主主義に反する存在だと真剣に考えているのだった。


――オバマやヒラリーと比べてトランプのほうが大統領にふさわしいと思う点は何でしょう？

「トランプは政治家じゃないだろう？　そこがいいんだ。政治家はもう信用できない。政治家なんて誰も信じられないよ」

確かにトランプのやり方は、従来の「政治家」のそれではない。ハチャメチャだ。

たとえば、議会に出した予算案では多くの支出を削減しまくり、そこで浮いた分をすべて軍事や治安対策に振り向けている。

政府の人事も停滞させている。自分を過去に少しでも批判した人間は、どんなに能力があっても政府の要職には就かせないからだ。一度は任命された高官が、過去のトランプ批判発言が発覚してクビになるという、笑い話のような出来事もあった。

ドイツのメルケル首相とホワイトハウスで会談したときは、「握手拒否事件」があった。報道陣の求めに応じて、メルケルが「握手をしましょうか」とトランプにぎこちなく話しかけたのだが、何と彼はそっぽを向いたまま、完全に無視したのだ。

このとき、誰もが思ったはずだ。この人、大丈夫か？　と。

しかしキャンベルさんは、そういう政治家らしくないところがトランプの最も評価できる点だと絶賛する。

「トランプは、米国から外国に移転しようとする企業に『米国に残れ、さもないと高い関税を払わせるぞ』と言っただろ。他の政治家にはできないことだよ。過去にそんなことを言った大統領は誰もいないじゃないか」

――ただ、それについては、企業の自由な経済活動に圧力をかけるものとして批判もありました。

「そんな批判なんて建前にすぎないよ。企業が米国を出て行くのを止められなかったのは、政治家が経済活動に圧力をかけてはいけないからではなく、政治家が企業から金をもらっているからだ。金をくれる企業に指示などできるはずがない。政治家はみんなそうだよ。オバマだって大企業の言いなりだった。

でも、トランプは違う。企業の海外移転を止めて、米国人の雇用を守ってくれる。もしトランプが以前から大統領だったら、この街からGMは撤退していなかっただろう」

9年前にGMがデイトンの近郊モレーンにあった工場を閉鎖し、撤退したのは前述の通りだ。食事が終わり、キャンベルさんに「ライト兄弟の家だけでなく、ここも見ておくといい」と言われて最初に連れて行かれたのは、そのGMの工場の跡地だった。

いま、跡地の一部にはガラス製品の工場が建っているが、多くはまだ空き地のまま。昔の工場の建物が朽ち果てて、放置されているところもある。

近くの鉄道からの引き込み線の跡が、目に入っただけで3本も残っていた。ありし日の工場の規模が大きかったことが推測される。線路の軌条は錆びついており、その周りには、やはり錆びた鋼材が放置されていた。

「『ラストベルト』という言葉を聞いたことはあるだろう?」

不意にキャンベルさんに聞かれて、私はうなずいた。ラストベルトとは「錆びた工業地帯」の意で、オハイオをはじめイリノイ、インディアナ、ミシガン、ペンシルバニアなどの諸州の中で、かつて製造業で繁栄したもののその不振によって停滞している一帯を指す。

キャンベルさんは、先ほどまでオバマとヒラリーを罵っていたときとは打って変わって、どこか達観したような淋しげな口調で続けた。

「ラストベルトというのは、もともとはミシガンの製鉄所の寂れ具合から生まれた言葉らしい。でも、いまはここも立派なラストベルトさ」

米国のものづくりが失われてしまった

次に連れていってくれたのは、やはり世界的企業の本社の跡地だった。といっても、日本での知名度はそれほど高くないかもしれない。情報処理機器メーカーの「NCR」という会社で、かつて小売店などで使われるキャッシュレジスターを開発し、圧倒的なシェアを誇った。

NCRは1884年にここデイトンで創業され、急成長を遂げてグローバルに経営を拡大し、単なる大企業であるにとどまらず、地元のシンボルのひとつであり続けた。それが業績不振による工場閉鎖やリストラを経て、2009年、デイトンから本社を引き払い、ジョージア州に移転したのだ。創業から125年後のこの〝事件〟に、地元の人々が受けた衝撃の大きさは想像に難くない。

まして、その前年にはGMが撤退して多くの雇用が失われている。2年連続で大打撃を受けて、地域経済はさらに悪化し、住民たちの生活は厳しくなり、自信と誇りも深く傷ついたはずだ。

しかも、GMの撤退もNCRの移転も、共にオバマ政権時代の出来事だった。実際には前政権までの政策の影響が大きかったかもしれないが、地元の人々が「自分たちと製造業はオバマ政権に見捨てられた」という思いを強く抱いても無理はない。

そんなことを考えているうちに、車はNCRの跡地に着いた。やはり、広大な空き地のところどころに、古めかしいが威厳のある建物がいくつか並んでいた。寂れた感じがしないのは、地元の大学が買い取って使っているからだという。

往年の栄華に思いを馳せながら周囲を眺めていると、キャンベルさんが語りはじめた。

「NCRの創業者は発明家でね、キャッシュレジスターの他にもいろいろなものを発明して世界中に売ってきた。デイトンは本当に米国のものづくりの最前線だったんだよ。

それがどうだ。いまは何もないじゃないか。何も……。

そうやってものづくりが失われていくのにもかかわらず、オバマは何もしなかった。企業の自由な活動とやらも結構だろう。でも、ものを作らないで、この国はどうやって豊かになるというんだね？　トランプはそこをきちんと考えているよ」

——すると、トランプの「米国製を買え」（バイ・アメリカン）という発言は、「米国人がものづくりをできるようにする」という意味なのですか？

「そう。『米国が製造業によって輝いた時代を取り戻す』『あらゆるものが米国で作られて世界に広まった時代を取り戻す』というのがトランプの発言の真意なんだ。皆、そう解釈しているよ」

私たちはそんな話をしながらまた車に乗り、ようやくライト兄弟の家に向かった。

ダウンタウンから15分ほどドライブした高級住宅街の一角に、その家はあった。「白亜の豪邸」と呼ぶのがふさわしい、広い庭付きの立派な屋敷だった。

ただし、これは発明家として有名になった後に弟の方が住んだ家だそうで、もっと若い頃に営んでいた自転車屋は別のところにあるという。

そこにも行ってみると、豪邸とは対照的に、つつましい煉瓦造りの2階建ての建物だった。いまは観光名所になっており、私が訪ねたときは、バスが横付けされ、観光客がガイドに引率されて内部に入っていくところだった。

ここでコツコツと作業を重ねて飛行機を生み出したライト兄弟に続き、何十年にわたって無数の米国人が実直に働き続けたからこそ、製造業と20世紀の米国の繁栄はありえたのだ……。

そんな感慨にふけりつつ、キャンベルさんに話しかけてみた。

——GMの工場やNCRの本社がデイトンから去っても、ものづくりの英雄であるライト兄弟がこの街で飛行機を開発したという事実は絶対になくなりませんよね。

「その通りだ。そして私たちは、ライト兄弟を再び生み出したいと思っている。母校のライト州立大学も、ものづくりの世界で優秀な人材を育成すべく、近年、理科系の教育にかなりの力を入れていてね。私が学生だった頃はそうでもなかったんだが……。

おかげでいまは科学の分野、なかでも機械工学や医学生理学などが充実しているし、学生のレベルも上がっている。正しい強化方針だと思うよ」

気がつくと、時刻は午後3時になっていた。「そろそろ（ロボット格闘技大会の）決勝トーナメントが始まるから戻るとしようか」というキャンベルさんの言葉に従い、私たちは車でまたライト州立大学の体育館に向かった。

仕事と収入、そして誇りを取り戻したい

キャンベルさんが言った通り、会場ではちょうど決勝トーナメントが始まろうとしていた。44も

あった参加チームのうち、予選リーグでおよそ半数が敗退しており、ここからは勝ち抜き戦になる。

午前9時に開始したから6時間が経っていることになるが、参加者にも観客にもスタッフにも疲れた様子は見られない。

主催者の1人、ニール・アーサーさんという65歳の男性が「あなたがいなくなったから、帰ったのかと思いましたよ」と笑顔で話しかけてきた。アーサーさんにも疲労の色はなく、「その歳でどうしてこんなにエネルギッシュなんだろう」とひそかに感心している私に、大会の意義をこう説明してくれた。

「このロボットの大会は、『デイトンをもう一度ものづくりの街にしたい』という人々の思いから始まりました。それに地元の企業がお金を出し、大学もバックアップしています。

そういう大会の性格と、『米国で再び製造業を花開かせる』というトランプ大統領の考えは、完全にマッチしています。だから私は、この大会にぜひ大統領に来てほしいと思っているんです」

――えっ、トランプ大統領をこのロボットの格闘技大会に招くんですか？　来るでしょうか…。

「来て、気に入ってくれると思いますよ。そのときは、ぜひまた取材に来てください」

アーサーさんはニヤリと笑ってウインクすると、また仕事に戻っていった。

私は再びロボットたちの戦いに視線を移した。朝、最初にここに足を踏み入れたときに感じた奇異な印象が、いつのまにかなくなっていた。

この街でトランプを熱心に支持している人たちは、決して知的レベルが低いわけではなく、まして特に排他的とも思えない。ものづくりによって生活とプライドを支えてきた彼らは、安定した仕事と収入だけではなく、ずたずたに引き裂かれた人間としての誇りをも取り戻そうと必死なのだ。そして、地域と自分に豊かさとアイデンティティを回復してくれる約束をしたトランプを、歓呼の声で「王」の座に迎えたのだ——。

そんなことを考えていると、ロボットがぶつかる金属音も、観客席からの声援も、どこか悲痛な、魂の叫びのように思えてきた。

やがて午後7時過ぎ、地元の高校生のチームが優勝して大会は終わった。開始から終了まで10時間と、長いイベントだった。

私は喜びの声を上げる優勝チームの若者たちを見ながら、トランプがこの大会にやってきて観客席からヤジを飛ばすところを想像し、ひょっとしたらそんなに違和感のない光景になるかもしれないな…と考えた。

トランプをめぐる激論

私の宿泊先は、ライト州立大学のキャンパスを出てすぐのところにあるホテルだった。

チェックインの手続きをしていると、フロントの若い白人女性が私の名前とパスポートを見て、

「ワタシ、ニホンゴ、スコシデキマス」と話しかけてきた。

彼女はブルック・ミエさんという19歳の学生。ライト州立大学で生物学を学んでおり、アルバイトでホテルの受付をしているという。空軍に務める父親の仕事の関係で沖縄に長くいたことがあって、いくらか日本語が話せる。

中高年層を中心にトランプ支持者が圧倒的に多いこの街で、若い女性は大統領をどう見ているのだろうか？ そんな疑問がとっさに頭に浮かび、私はミエさんに、トランプ政権下の米国の現状を取材している日本人ジャーナリストだと自己紹介して、話を聞かせてほしいと頼んだ。

「いいですよ。このあと10時に仕事が終わるので、同僚と一緒にお話しします」

ミエさんは快諾してくれた。そして約束通り、午後10時、フロントの前のカフェで、ミエさんと、同僚のケイリー・ロンカーさんという女性を取材することができた。


ロンカーさんは25歳。ライト州立大学ではなく、州都コロンバスにあるオハイオ州立大学を中退して、今はこのホテルのアルバイトで生計を立てているとのことだった。

ところが、2人のトランプ観に興味津々で臨んだ取材は、のっけから剣呑な雰囲気になった。

私はまず、「トランプを支持しますか」というごく普通の質問をしたのだが、それに2人が答えたときから、いきなり場が緊張し始めたのだ。

私の問いに対し、まずミエさんがこう述べた。

「もちろん支持しています。米国民が銃を持つ自由は保障されるべきだし、国境を守ってテロリストを入れないようにするのも当然。トランプ大統領が言っていることは何も間違っていません」

次の瞬間、この意見をロンカーさんがばっさり斬り捨てた。

「いいえ、トランプなんてまったくダメだと思います。あんな奴が大統領なんて、考えられない」

サッとミエさんの表情が強張るのがわかった。私も自分の顔が強張っているのを意識しつつ、ロンカーさんに聞いてみた。

――トランプを支持しないということは、ヒラリーを支持していたのですか？

「私はサンダースが大統領にふさわしいと思っていました」

その瞬間、隣のミエさんがフッと鼻で笑うのがわかった。ミエさんは少し侮蔑するような目でロンカーさんを見ると、「彼女、リベラルだから」と言った。

ロンカーさんもすぐに「それが何なのよ！」と反論して、激しい言い合いが始まった。

「サンダースが民主党の候補に指名されていれば、トランプなんかが大統領になることは絶対になかった。トランプはこの国の恥よ！」

「恥なんかじゃない！　逆にサンダースが大統領になっていたら、米国はリベラルなおかしな国になっちゃうじゃないの。サンダースは社会主義者でしょ」

「そのことの何が問題なの？　トランプの言っていることが実現しても、この国は何ひとつ良くならない。いい思いができるのは金持ちだけよ」

「何を言ってるの？　この国を守ろうとしているリーダーは、トランプしかいないのよ。誰も銃を持って自分を守れなくなるなんて、私はそんな危ない国に住みたくない！」

「ちょっと待って。そもそも、なんで銃を持たなきゃいけないの？　みんなが銃を持っているほうが危ないし、だから犯罪が減らないんでしょ」

2人ともヒートアップして激論を続け、完全に私の存在など忘れているようだった。

「銃」「妊娠中絶」「同性婚」で意見が対立

私は「参ったな……」と呟いて、しばらくはおろおろするばかりだった。大雑把に言えば、ミエさんがタカ派的な、ロンカーさんがリベラルな考えの持ち主だというのはすぐに理解できたが、そんなことがわかったところで、言い合いを止めるのに何の役にも立たない。

それでも、放っておくと取っ組み合いのケンカになりそうな勢いだったので、何とか割って入り、ミエさんにこう尋ねた。

――ご自分では銃を持っているんですか？

「ええ、持ってます。射撃の訓練も受けているし」

これにロンカーさんがすかさず反応して、声を張り上げた。

「ということは、あなた、銃で人を撃つの？　そんなことがよくできるわね！」

「リベラルはすぐそう言う。でも、誰だって襲われたときに自分を守る権利はあるのよ。あなたは襲われたら、何もしないで殺されてもいいと思ってるの？」

また始まった……。私は頭を抱えたくなった。

2人の議論に、もう「トランプ」という言葉は出てこなくなっていた。しかし、まぎれもなく「トランプ」に関する論争ではあった。

「銃の所持を認めるか」「妊娠中絶を認めるか」「同性婚を認めるか」…いずれもトランプを支持するか否かがわかる問題だ。「銃の所持を認め、妊娠中絶と同性婚を認めない」という立場の人は必ずトランプを支持する。ミエさんもその1人だった。

その後も2人の激論は延々と続き、日付も変わりそうになっていた。これに夜通し付き合わされてはたまったものではない。もう部屋に戻って眠りたいと思い、私はまた強引に割って入ってこう言った。

「私の質問がきっかけで、言い争いをさせてしまって申し訳ありません」

すると2人は初めて喋るのをやめた。ひょっとしたら、私が傍にいることを久しぶりに思い出したのかもしれなかった。

ミエさんが、少し冷静さを取り戻した表情で言った。

「いいんです。私の彼氏は大統領選でヒラリーに投票した人だから、トランプ支持の私とはいつもこんなふうにケンカするんです」

　するとロンカーさんもこう応じた。

「私の場合は逆ね。彼氏がトランプを支持しているので、トランプ嫌いの私とよく言い争いになる。だからこういうのは慣れているんです」

「そうそう、しょっちゅうやってる…。あ、もう遅いから私たちは帰らなきゃ」

　2人はさっと立ち上がると、口々に「お会いできて楽しかったです」「おやすみなさい」などと挨拶して、にこやかに談笑しながら帰っていった。「やっぱり政治の話はしないほうがいいのかも」「ホントにそうね」などと会話をしているのが聞こえた。

　私は呆然とした。おいおい、さっきまでの猛烈なケンカは何だったんだよ…と呟いて、去っていく2人の後ろ姿をポカンと見送るしかなかった。そして、疲れ切った頭で、女性のバトルとロボットのそれはどちらが激しく徹底的なのだろうか、とぼんやり考えていた。

大リーグの試合を観戦しに来たバーグ親子

7章 星条旗に祈り、マッチョに体を鍛えるジョージアのお父さんたち

――選挙ではほぼ毎回、共和党が制し、トランプ大統領誕生の地歩を固めた米国深南部のジョージア州。この地に住む旧友とその家族、友人、仲間たちは、なぜ「強い米国を作りたい」「米国はこれ以上世界に謝る必要はない」と語り、「王」を熱く支持するのか。愛国的でマッチョな人々の本音とは…。

高校時代の親友との再会

「オオ、ヨイチロー、やっと会えたなぁ!」

ジョージア州アトランタ国際空港、国内線ターミナル出口。そこに立っていると、ちょうど目の前に停まった車から大柄な白人男性が降りてきて、私を見るなり大声で叫んだ。

デール・バーグさん、49歳。高校時代のクラスメートである。

といっても、私は米国の高校に通っていたわけではない。デールが日本で高校時代を過ごしたわけでもない。

出会ったのはメキシコだった。私は16歳のとき、父の仕事の関係で1年間メキシコに住んだのだが、そのとき通っていたアメリカンスクールで同級生だったのだ。

「デール、本当に久しぶりだね。会えたのが信じられないよ」

そう言いながら抱き合って驚いた。彼の分厚い胸と太い腕は、高校生の頃と変わっていなかったのだ。

「びっくりしたよ。デール、君の身体は昔、フットボールの選手をやっていたときと変わってないじゃないか。いまも相当トレーニングしてるんだろう?」

私が言うと、デールは照れくさそうな笑顔で答えた。

「いやぁ、ハイスクールで君と一緒だったときほどは鍛えていないよ。さぁ、車に乗って僕の家に行こう」

「お招きありがとう…。しかし、会うのは何年ぶりになるかな?」

「30年……いや、33年ぶりだ」

体格が良くて腕っ節が強いデールは、学校のアメリカンフットボールチームでキャプテンを務めていた。温かい心の持ち主で周囲に慕われ、人望があった。

「気は優しくて力持ち」をそのまま体現したような若者だった。メキシコの公用語であるスペイン語も達者だった。

私もフットボールチームに入り、一緒にプレーした。楽しかったが、最初は英語があまり話せなかったので苦労した。そんな私にあれこれと気を配り、いつも一緒にいてくれたのがデールだった。校内で一目置かれるリーダーだった彼が、私がクラスメートやチームメートと親しくなれるよういろいろ親切にしてくれたおかげで、1年間のアメリカン・グラフィティは非常に快適なものになった。

その旧友から、思いがけずフェイスブックでメッセージが届いたのは、今年の初めに米国に来てしばらく経った頃だった。

私は、自分がいま米国でジャーナリストとして活動し、トランプ大統領の支持者を取材している旨を返信すると、デールは「それならジョージア州に来て取材すればよいのではないか」と提案してくれた。

渡りに船だった。ジョージアに行けばデールとは再会できるし、トランプの支持者が多数を占める地域を取材することができる。

私はさっそく、謝意と訪問のスケジュールを記した返信をデールに送った。そして翌週、州都アトランタに入り、冒頭のように空港に迎えに来てくれた彼と33年ぶりに会ったのである。

深南部の美しい田舎町に立つ白亜の家

米国の深南部（ディープサウス）に位置するジョージア州は、まさに「共和党の州」である。２０１６年の大統領選挙で、全米各州がどの党の候補者を支持したかを示す地図を見ても、ジョージアは共和党（トランプ）支持を意味する赤色となっている。オハイオ州がトランプの勝利を決定づけた州だとすれば、ジョージアはその地歩を固めた州と言えるだろう。

ちなみにジョージアが民主党候補を支持したのは、地元出身のジミー・カーターが当選した１９７６年と、ビル・クリントンが初めて当選した１９９２年のみで、それ以外はすべて共和党支持である。

デールが運転する車の中で、私たちはいろいろなことを語り合った。

アメリカンスクールでの思い出、当時のクラスメートやチームメートの消息、現在の生活、仕事、家族のこと…。何一つ飾ることなく腹を割って話ができる友人がいるのは本当にありがたい、としみじみ感謝する思いだった。

そういえばデールはトランプ大統領をどう考えているのだろうか、と私はふと考えた。

これまでのメールのやり取りの中でも、デールはトランプについて何も記していなかった。「大統領についての米国人の意見を聞きたいなら、僕の義父と話すといい」と書いていたくらいだった。政治にはあまり関心がないのかもしれなかった。

車はアトランタの都市部を出て、郊外を抜け、美しい田舎町に入っていった。緑が目にまぶしい牧草地が広がり、ゆったりした空気が流れている。道の脇のところどころに、「ドナルド・トランプ」と大きく書かれたボードも見える。

運転席で、デールがぽつりと漏らした。

「僕はとにかく広い家に住みたくてね。そうすると、田舎に家を持つしかないんだ」

「なるほど、こんなに雰囲気の良いエリアで大きな家に住むのは楽しいだろうなぁ」

そんな雑談をしているうちに、デールの家に到着した。家といっても敷地が広いので、門を入って家屋に辿り着くまで、車はしばらく林の中の砂利道を進む。やがて彼は車を停めてこう言った。

「ヨイチロー、着いたよ。僕の家だ。ここを自分の家だと思ってくれ」

「ありがとう」と礼を言って車を降りた私は、目の前の家を見て驚きの声を上げた。

「おいおい、これはすごく立派な家じゃないか！」

まさに「白亜の豪邸」と呼びたくなるような屋敷がそびえ立っていた。

玄関を入ると、左側にデールの書斎、右手にダイニングルームがある。そのまま真っ直ぐ進むと、暖炉のある大きな応接間に出る。上は吹き抜けだ。

その奥には、庭の景観を楽しめるカジュアルなもうひとつの応接間や、デール夫妻の寝室がある。2階にはベッドルームがさらに3室。

「敷地の広さはどのくらいあるの？」と聞くと、「2エーカー」という答えが返ってきた。

ふだん日本で使わない「エーカー」という単位を聞いても、すぐにはイメージが湧いてこない。後で確認したところ、2エーカーというのは8094平方m、2448坪の広さであることがわかり、ため息が出た。

絵に描いたように幸せな一家

通された応接間の広さにすっかり感心していると、奥から、明るく快活な感じの白人女性が現れた。デールの夫人で名前はニッキー。デールにお似合いのスポーティーな美しさを持つ46歳だった。

ニッキーはニコニコと笑顔を見せてこう話しかけてくれた。

「いらっしゃい。あなたがヨイチローね。噂はデールからたくさん聞いているわ。ゆっくりしてね」

「お会いできて嬉しいです」

「こちらこそ。あら、ジャックはどこへ行ったのかしら？　せっかくヨイチローが来たのに……。ジャック！　どこにいるの⁉」

ジャックとは8歳になる夫妻の息子。やんちゃ盛りの野球少年で、最近、地元のリトルリーグのオールスターに選ばれたという。

ジャックはどうやら、来客があることを知っていながら、隣の部屋に隠れているようだった。照れくさいのか、客としてやってきた人間に自分を探してほしいのか。米国人の家を訪ねると、このような反応をする子供がよくいる。

ニッキーが私に目配せしながら、「ヨイチロー、ジャックはいないみたい」と、隠れているジャックに聞こえるように言う。私もとぼけて「残念だなぁ、ジャックに会いたかったのに」と応じる。

やや白々しくはあるが、こういう芝居もまた、米国人の家庭を訪問するときの小さく楽しい儀式ではある。

やがて、ジャックが照れた表情でおずおずと応接間に入ってきた。母親に似て整った目鼻立ちをしている。

デールがジャックを抱きしめながらこう言った。

「ニッキーと結婚して今年で20年になるんだけど、最初のうちはなかなか子供ができなくてね。

ジャックが生まれて、元気に育ってくれて嬉しいよ」

そこには親子3人の、絵に描いたような米国の幸せな家庭があった。それは実に普通の家族の姿だった。

「オバマは米国を弱くしてしまった」

翌朝、私はデールの車に乗せてもらい、30分ほど走って、ブルーリッジという小さな街に来た。周囲の山波が美しい。

ブルーリッジ中心部のイベント広場に着くと、すでに、カラフルなスポーツウェアを着てマウンテンバイクにまたがった男たちが集まっていた。その中にデールの姿もあった。

「スリー、ツー、ワン…ゴー!」

スタートの合図とともに、ライダーたちがいっせいに自転車をこぎはじめた。彼らは速度を増して小さな教会の前を通り、電車が1日に1度発着するくらいの駅の前を疾走して、さらに遠くへ消えていった。

これは、マウンテンバイクとランニングで起伏に富んだ野山を駆け抜け、カヌーで川を下り、ゴールインするまでのタイムを競う冒険レース。20ヵ所のチェックポイントを通過してゴールに到着すれば、後はどのコースを選ぶのも自由だ。

勾配のきついルートを行けば、距離は短くなるが、それだけエネルギーを消耗する。参加者たちは8時間近く、コンパスと地図、食料、水を持って体力の限界に挑戦する。

デールは6人のチームで参加していた。高校時代と同じく、ここでもやはりキャプテンだった。強靱な体力に加え、コースを判断する能力など、技術や経験が頼りにされたらしい。

私はデールから「トランプを支持する人たちの雰囲気を知りたいなら、僕が参加するマウンテンバイクのレースを取材するといいよ」と勧められていた。たぶん参加者の多くがトランプ支持者だろうから、という説明だった。

バイクに乗ったデールたちが視界から消えた後、主催者のジェフ・レイニンガーさんに話を聞いた。レイニンガーさんは実業家で、昔は自らもレースに参加していたという。

「この大会は、ブルーリッジ商工会議所の全面的な支援を受けて開催されているんだ。

私はふだん、ロボットスーツを作る会社を経営しているよ。ロボットスーツというのは、映画やテレビに出てくるロボットの衣装のこと。最近だと、『アイアンマン』のスーツをうちの会社で作ったね」

ビジネスでも成功を収めているらしいレイニンガーさんは「私の車で一緒にレースのゴール地点まで行かないか」と誘ってくれた。

私はありがたく好意に甘え、車に乗せてもらうと、ハンドルを握るレイニンガーさんに「トランプ大統領をどう思いますか？」と聞いてみた。

「もちろんトランプを支持している。彼はよく頑張っていると思うよ。きっとこの国を良くしてくれるさ」

――トランプ大統領のどこを評価しているのですか？

「彼が『強い米国を作る』と約束したことだよ。この国が強くなることを望まない米国人はいないだろう？　テロリストになめられている米国なんて、もううんざりだ。

オバマは米国を弱くしてしまった。ヒラリー・クリントン？　あんなのが大統領になったら壊滅的だよ」


ゴール地点に着き、昼食を済ませてのんびり待っていると、午後3時、トップの参加者がゴールに入ってきた。それから何台かのマウンテンバイクが次々とゴールインし、デールのチームが入ってきたのは、1着から約20分後だった。

面白いことに、デールのチームはゴールの直前で方向を変え、なんと近くのバーの前にバイクを停めた。全員、店に入ってバーボンのショットを一気飲み。それから再びバイクにまたがって走り、ゴールラインを越えた。

これにはおそらく、体力的にタフであることだけでなく、酒に強いこともよしとされる地元の価値観が反映されているのかもしれない。

デールのチームも好成績を残したが、残念ながら、表彰台にのぼれるほどではなかった。それでも全員、満足そうにレースを振り返って盛り上がり、デールのキャプテンシーを誉め称えている。

そんなシーンを見ながら、私は33年前、彼と一緒にアメリカンフットボールをしていた頃のことを思い出していた。

厳しいトレーニングでも苦しい試合展開でも、常にチームメートを励まし、先頭に立って勇敢に戦うキャプテンだったデール。やっぱり生まれながらのリーダータイプなのだ。あの頃と変わらないなぁ……としばし感慨にふけった。

メジャーリーグの試合の愛国的な演出

翌日、私はデールの一家と野球のメジャーリーグの試合を見に行った。

地元にはアトランタ・ブレーブスという歴史あるチームがある。その名門ブレーブスが、私の住むワシントンDCを本拠とするワシントン・ナショナルズを迎え撃つのだ。

デールとニッキーの夫妻、息子のジャックだけでなく、ニッキーのお父さんで74歳のリチャード・ローンさんも一緒に観戦することになっていた。デールが「僕の義父にトランプについての意見を聞くといい」と勧めてくれた人物だ。ローンさんはかつてコダックで中南米担当の役員を務めていたという。

デールの家も大きいが、近くに住むローンさんの家もそれに劣らぬサイズだった。しかも、敷地面積は約12エーカー（4万8562平方m＝1万4690坪）！　デールの家の敷地面積の6倍だ。デールの車に乗ってローンさんを迎えに家に行くと、玄関脇に大型のピックアップトラックが停まっていた。

車に乗り込んだローンさんは笑いながらこう語った。

「私はふだん、ベンツやスバルに乗ることが多いんだが、（米国車である）ピックアップは米国の魂だと思っているよ」

メジャーリーグの球場の素晴らしさについては、ご存じの人も多いだろう。グラウンドには青々と天然芝が広がり、太鼓やトランペットの応援などはない。みんな基本的には静かに観戦を楽しむが、地元チームにチャンスが来れば観客席全体で大声援を送り、ピンチになると相手チームへ激しいブーイングをする。

今回も、そんな楽しさは相変わらずだった。

一方で、ちょっと気になる点があったのも事実だ。以前、メジャーリーグの試合を何度か観戦したときよりも、少し愛国的な演出が加わっていたのである。

試合前の国歌斉唱は別に驚くことでもない。ただし、試合の途中で、米軍兵士としてアフガニスタンに従軍した地元の男性を紹介して「英雄」と称えたり、7回表が終わって恒例の「野球に連れてって」を皆で歌うかと思ったら、その前に、第2の国歌と言われる「ゴッド・ブレス・アメリカ」を歌ったり……といったことには少し驚いた。

それに対するローンさんの反応が面白かった。国歌斉唱のときは起立して胸に手を当てていたが、アフガニスタンに従軍した地元の「英雄」が紹介され、他の多くの観客がスタンディングオベーションをしているときは座ったままだったのだ。

なぜだろうか？　微妙な問題なので、私は言い方に角が立たないように注意しながら、さりげなくローンさんに聞いてみた。

――アフガニスタンで戦った「英雄」が紹介されたとき、起立しませんでしたね。

「どうして立たなきゃいけないんだ。アフガニスタンで戦ったのは、彼（「英雄」と紹介された男性）だけじゃないだろう」

素っ気ない口調だった。トランプ支持だというローンさんは、別に反戦思想を持っているわけではない。「米国民が米国のために身体を張って戦うというのは特別なことではない」と考えているのかもしれなかった。

「米国はあまりにも譲歩しすぎてきた」

試合を見ながら、やはりさりげなく「トランプ大統領をどう思いますか？」と尋ねると、ローンさんは「ビールを買ってくる」と言ってスッと席を立った。

「やっぱりスポーツを楽しんでいるときに野暮な話題だったか…」と後悔していると、彼はまもなく、ビールが入った大きな紙コップを2つ、両手に抱えて戻ってきた。私の分も買ってきてくれたのだ。

礼を言って受け取ると、ローンさんは自分の分を一口飲み、自ら進んでトランプについての意見を語りはじめた。政治について、むしろ飲みながら話したかったようなので、私は内心ホッとした。

「私はトランプの政策を支持しているよ。米国はこれまで、あまりにも譲歩しすぎてきた。トランプが言うように、米国人はもっと自分の国を大事にするべきなんだ」

――自由貿易の恩恵を受けているコダックで海外市場の担当役員を務めたローンさんが、NAFTA（北米自由貿易協定）やTPP（環太平洋戦略的経済連携協定）からの離脱を打ち出しているトランプ大統領を支持するというのは、意外な印象があります。

「私はグローバリズムに反対しているわけじゃないよ。ただ、多国間貿易協定の多くは米国にとって不利な内容になっている。

だからフェアな協定にすべきなんだ。トランプが言っているのもそういうことだと思うね」

ローンさんは続けて、トランプ支持者の多くが信じている間違いを口にした。

「たとえば、車を見てみなさい。日本は輸入する米国製の車に高い関税をかけているんだから、米国に入ってくる日本車にも高い関税をかけるべきなんだ」

よく耳にする誤解だが、実際には、日本は欧米の車に関税を課していない。ただ、私はローンさんの話をもっと聞きたかったので、あえて何も言わなかった。

すると彼は、日本人である私に気を遣ったのか、こう付け加えた。

「まあ、日本人が買いたがる車が米国で作られていないという話も聞いたことがあるけどね」

――トランプ大統領に対して不満はないのですか？

「あるさ。彼はもっと言葉に気をつけなきゃいかん。もう少し考えて発言すべきだよ。ツイートでの発言がよく話題になるけど、ツイートだけじゃなく、すべての言葉に注意してほしい。もう少し大統領らしく振る舞ってもらいたいよ」

――前任のオバマの振る舞いの方が大統領らしいものだった、と？

「いや、オバマの8年間はひどいものだった。米国は謝ってばかりだったじゃないか。それではダメなんだ。米国は世界でたくさん良いことをしてきた。謝る必要はないんだよ」

それを聞いて、ローンさんを挟んで私と反対の席に座っていたデールが、少しうなずいたように見えた。

あれこれ話しているうちに試合は終わった。ナショナルズがリードし、最終回のブレーブスの攻撃も、走者を出したもののダブルプレーを食らって、あっけなくゲームセット。

地元チームの勝利とはならず、観客たちはやや物足りなさそうな表情でぞろぞろと球場を後にしていった。

星条旗の周りで跪く男たち

球場からの帰り、デールから「ヨイチロー、明日の朝、僕がいつも行っている『朝の運動』に来てみないか？」と誘われた。

「『朝の運動』って何？」

「いわば〝お父さんたちの集まり〟だね。家庭を持っている男たちが朝早くに集まって、エクササイズをするんだよ」

家庭を持っている男性というと、30代、40代、50代といった社会の中核世代か。私と同年代の人も来ていそうだ。そんな男たちが集まって身体を動かすと聞き、私は日本のラジオ体操のようなものをイメージして、「面白そうだね。ぜひ参加させてもらうよ」と返事した。

翌朝、まだ暗いうちに起床し、デールの車で、「朝の運動」の会場である地元の高校に向かった。スタート時刻は午前5時半と聞いていたが、午前5時過ぎに高校の駐車場に着くと、すでに十数人の「お父さん」たちが集まっていた。

「おはよう、オンブレ」

「おう、オンブレ、元気か？」

デールの顔を見た仲間たちが、しきりと「オンブレ」と話しかけてくる。この集まりでは、互いをニックネームで呼ぶのが習わしなのだ。

デールのニックネーム「オンブレ」(hombre) は、スペイン語で「男」の意味。みな、彼がスペイン語に堪能なのを知り、マッチョ的なスペイン語の単語をあだ名としたのだろう。

スタート時刻の5時半になった。周囲がわずかに明るくなってきた。

ふと顔を上げて、驚いた。駐車場に立つ2mくらいの金属製のポールに、いつのまにか、星条旗がはためいていたのだ。

その星条旗の周りに、参加者たちが集まり、なぜか次々と膝をついていく。いったい何が始まるのかと固唾を呑んで見ていると、全員、両手を胸の前で組んで何やら唱えはじめた。

祈りを捧げているのだ。その中に、こんな一節を聴き取ることができた。

「我々のフィットネス(身体の健康)、フェローシップ(仲間との連帯)、そしてフェイス(信仰)に幸を賜らんことを……」

何だ、これは⁉ 私はギョッとした。

運動というより、宗教の行事のようではないか。しかも、キリストの像などではなく、星条旗に向かって祈っている。

神ではなく国家に祈りを捧げているのか。あるいは、国家と神を重ねたものに忠誠を誓っているのか……。

マッチョな雰囲気の超ハードトレーニング

驚いて見ているうちに、祈りの時間が終わり、リーダーのかけ声とともにエクササイズが始まった。私も慌てて参加者の端に加わった。

まず、広い駐車場をジョギングで1周してから、リーダーを真ん中に円形に並んで準備体操。それからダッシュと筋肉トレーニングというメニューになる。

運動は予想よりはるかにきつかった。ラジオ体操をイメージしていた私は面食らった。

駐車場を囲むように、20mくらいの間隔で照明が設置されている。参加者たちはまず、端の照明から隣の照明までダッシュし、照明の下で腕立て伏せを30回やる。それからまた次の照明まで20mを全力疾走してから、今度は腹筋を30回。さらに次の照明までダッシュして、背筋30回。そしてまたダッシュ…を繰り返して、駐車場を1周するのだ。

「おいおい、マジかよ……」

あまりにもハードな内容に腰が引けたが、もう逃げるわけにはいかない。必死でダッシュと筋トレを繰り返した。あっという間に息が上がり、1周するとへとへとになった。

しかし、これはまだ序の口だった。

さらに、複数の運動を組み合わせたさまざまなトレーニングが続いた。坂の下で腕立て伏せを30回してから、坂を全力で駆け上がる。坂の上に着くと、今度はジャンプを30回。それを10セット繰り返す。次は、校舎の建物を使って逆立ちをし、30数える。

このようなトレーニングにはそれぞれ名前がついている。それも、たとえば「アメリカン・ハンマー」など、どこかマッチョな臭いがする名前だ。

軍隊式の訓練もこんな感じなのだろうか？　ゼイゼイとあえぎながら、私はふと思った。

不思議なことに、みな肩で息をするくらい体力を使っているのに、誰も「きつい」とも「苦しい」とも「疲れた」と言わない。「もっとやろうぜ！」などと励ましの声を出し合っている。

どうしてこんなにタフで前向きなのだろう、と首をひねりたくなった。

ハードなトレーニングは45分で終了した。全員がまた円形に並んで、リーダーに順番にニックネームを呼ばれ、１人ずつ自分の近況を報告していく。

50歳以上の人は、ニックネームの前に「リスペクト」という単語をつけて呼ばれる。敬意を表するためだそうだが、そこにもまた、何ともマッチョな雰囲気を感じた。

「男のリーダーシップ」を育成する集まり

ただでさえ、非白人の私は目立つ。デールが全員に「日本から来た友人のヨイチローだ」と紹介してくれた。

リーダーが「ヨイチロー、君のニックネームは何にしようか？」と問いかけてきた。「そうだなあ…」と迷っていると、リーダーはさらに「『man』は日本語で何というんだ？」とさらに尋ねてくる。

「man は『オトコ』といいます」

「オトコ？　う〜ん、もうひとつピンと来ないな……」

首をひねるリーダーに、デールが「ヨイチローはジャーナリストで、トランプ大統領の取材をしているんだ」と追加説明をしてくれた。

すると、横から他の参加者が「じゃぁ、ヨイチローのニックネームは『スパイサー』がいいんじゃないか」と口を挟んだ。

スパイサーとは、ホワイトハウスでトランプ政権の報道官を務めるショーン・スパイサーのこと。メディアとたびたび衝突したり、外国首脳の名前を間違えるといったミスを連発したりして大統領を怒らせ、近く更迭されるという噂も出ている人物だ。その後、スパイサーは自ら申し出て辞任している。

正直なところ、もう少しましな人の名前の方がありがたかったが、リーダーが「よし、君は今日からスパイサーだ」と、私のニックネームを即決してしまった。今後またこのトレーニングに参加する機会があるかどうかはわからないが……。

男性ばかりが集まって身体を鍛え、交流し、親睦を深めるこの集まりは、「F3」と呼ばれている。スタート時の祈りの文句にあった「フィットネス」（fitness＝身体の健康）、「フェローシップ」（fellowship＝仲間との連帯）、「フェイス」（faith＝信仰）の頭文字である3つのFから命名されたという。

F3の使命は、地元のコミュニティで男のリーダーシップを育成するため、小さなトレーニングのグループを作り、拡大していくこと——とされている。男性であれば誰でもF3に参加でき、トレーニングは晴れの日も雨の日も、暑い日も寒い日もある。参加費は無料。

最後に必ず、前述したように全員が円形に並んで（「信頼の輪」というそうだ）、ニックネームで呼ばれ、近況を語るという一幕がある。

F3はノースカロライナ州で2006年に始まり、少しずつ他州にも広がっている。興味深いのは、近年、トランプ大統領の支持者が多い州を中心に参加者が増えている点だ。

リーダーに話しかけると、朗らかに応じてくれた。「トランプ大統領をどう思いますか？」という質問には、歯切れよくこう答えた。

「俺はトランプ大統領をリスペクトしている。彼の言っていることは正しい。この国を再び偉大な国にする、とね。

リベラルなメディアは大統領のことをいろいろと言っているが、何一つ根拠のないデマだ。そういう連中には『強い米国を作りたくないのか？』と聞き返してやりたいよ」

——今後、F3に多くの米国人が参加しそうですか。

「そう思う。いま、F3に参加する動きはどんどん広がっているよ。日本に支部を作りたいなら、俺がコーチに行ってあげよう。飛行機代と宿代を出してくれれば、喜んで行くよ」

日本云々は冗談かと思ったが、本気のようだった。もし彼が言うようにF3の日本支部ができたらどんな人が参加するのだろう、とふと思った。日章旗を振り回すようなデモの参加者に、F3のハードトレーニングについていける人は少なそうだが……。

「私たちは人種差別主義者ではない」

デールの家には3泊させてもらった。

私がワシントンDCに戻る日の朝、応接間に入ると、夫人のニッキーが話しかけてきた。

「ヨイチロー、あなたが取材しているトランプを、実は私は支持しています。でも、誤解してほしくないの。

私たちは人種差別主義者の白人ではないってこと。それだけは、あなたにわかってほしいのよ」

ニッキーは、父親のローンさんの仕事の関係で、高校時代までのほとんどを中南米の各地で過ごした。スペイン語も、母語の英語と同じレベルでできるバイリンガルだ。

その能力を生かして、米国の大学を卒業した後、米国に来るメキシコ人の仕事の世話をする団体で働いていた。

「私は当時、メキシコ人の仕事のお世話をしながら、『自分は本当に正しいことをやっているのかしら？』と自問自答する毎日だったの」

――メキシコ人の就職を助けるという仕事に何か問題があったのですか？　社会的に正しいことのように思えますが。

「メキシコ人だって、本当は米国に来たいわけではないの。メキシコで豊かに暮らせるなら、メキシコにいたいのよ。

彼らはデネーロ、つまりお金のために米国に来ている。お金だけのために、子供をメキシコに置いて、家族と離れ離れになって…。中には、国境を越えるために借金をしている人もいたわ」

一気にそう語ってニッキーは溜息をついた。わずかに目が潤んでいるように見えた。

「メキシコ人はそんなにつらい思いをして、苦労もして米国に来てどうなるかというと、安い労働力として買い叩かれるの。そして、結局は米国でも苦労する。

私も最初は、彼らの仕事のお世話をすることに意義を感じていたけれど、途中から次第に『自分はメキシコ人を苦しい状況に置いて搾取する行為に加担しているだけではないのか』と悩むようになったのよ」

意外だった。ニッキーはトランプ大統領を支持すると語ったが、それは必ずしも、「米国人の仕事を奪うメキシコ人の流入を防ぐ」という公約に賛同したからではないらしい。

彼女のなかには、「メキシコ人が米国に入ってきても社会の底辺に近いところで苦労するだけではないのか」という、ある意味で人道的な思いがあった。

それが理由で、メキシコ人を追い返すと主張するトランプに投票したのかどうかは聞いていない。ただし彼女には、「トランプ支持者の白人」というとステレオタイプ的に連想されがちな、排外主義者や人種差別主義者の気配はまったくなかった。

もちろん、ニッキーのような考えを持つ人は少数かもしれない。しかし、トランプ支持者たちもまた多様なのだという事実を教えられた気がした。

オバマは広島で謝罪したのか？

ちょうどそこへ、自室での作業を終えたデールが合流した。彼は少しためらった様子を見せた後に、意を決した様子でこう言った。

「ヨイチロー、君が取材しているトランプ大統領のことだけど、僕はこれまで彼について意見を言わなかったよね。君も僕に尋ねてこなかった」

私は黙ってうなずいた。

洋の東西を問わず、政治と宗教の話題は、良好だった人間関係をしばしば悪化させる。おそらくトランプを支持しているであろうデールと、いくつかの点でトランプに批判的な私。

2人とも無意識のうちに、「王」について話すと、せっかく33年ぶりに再会して復活した友情にひびが入るのではないかと、恐れていたのかもしれなかった。

デールはぽつりとこう言った。

「実は、僕は昨年の大統領選挙でトランプに票を入れたんだ」

驚きはなかった。そのかわり、別れの直前になって彼が改まってこう打ち明けたのは、友には常に正直であらねばならないという私への友情ゆえなのだろうか、と考えた。そこにはまた、彼の温かい〝男気〟も感じられた。

再び黙ってうなずく私に、彼は続けた。

「理由は、義理の父とほぼ同じなんだ。米国はそんなにペコペコ謝らなくてもいい、と言うトランプを支持したかった。

米国は悪いこともしたかもしれないけど、良いことや正しいこともしてきた。それを誇りにできないなんて、おかしいと思うんだ」

出発の時間になった。私はニッキーに別れの挨拶と礼を言い、デールの車で空港に向かった。

しばらく走っていると、デールが「あれの写真を撮っといたらどう?」と言って前方を指差した。

その先には、大きく「ドナルド・トランプ」と書かれた支持者の看板があった。

「いいね」と応じると、デールはすぐ路肩に車を停めてから、冗談めかして「写真を撮るなら、僕が看板の横に立とうか？」と言った。私は思わず笑いながら、「そこまでしてもらう必要はないよ」と答えた。

車が再び走り出して数分後、私も心を決めた。

自分が本当に考えていることを率直にデールに話そう、と。もし気まずくなっても、自分も相手も偽らないのが真の友情ではないか、と。

少し緊張しながら、私は口を開いた。

「デール、オバマ前大統領は謝ってばかりだったと君は言うけれど、それにはたぶん、彼が広島に来て、原爆で亡くなった人々を哀悼するスピーチをしたことも含まれるんだろうね。でも、多くの日本人は、オバマが広島に来てくれたことにすごく感謝しているんだ」

トランプ支持者たちは「オバマは米国の威信を傷つけてきた」とよく批判する。その例にしばしば挙げられるのが、オバマの広島訪問だ。

実際には、オバマは原爆の犠牲者に哀悼の意を表し、当時の様子を「空から死が降ってきて、世界は変わった」と述べて核兵器廃絶を訴えただけで、原爆投下を謝罪してはいない。しかし、少なからぬ米国人にはそれも謝っているように見えて、耐え難いようだ。

米国のものがすべて一番とは考えてない

デールは黙ったままハンドルを握っている。私は続けた。

「それに、オバマは何にでも謝ったわけじゃないと思うよ。原爆投下のように、おかしいと考えたことだけについて、正しくなかったと語ったんだ。

仮にそれがオバマの謝罪だったとしても、日本人が米国や米国人を馬鹿にすることはない。逆に尊敬するよ。実際、多くの日本人はオバマに感謝しているし、敬意を持っている」

デールはなおも沈黙したまま、私の話に耳を傾けている。

ひょっとしたら自分はいま、33年ぶりに会った大切な旧友との絆を自らの手でぶち壊そうとしているのではないか…という思いが頭をかすめた。しかし、ここまで言った以上、中途半端で終わらせるのはもっとよくないと腹を決めて、言葉を続けた。

「米国は世界をリードする国だ。米国の大統領は、米国だけでなく世界のリーダーでもあるんだよ。だから、大統領には単に米国のことだけを考えて行動してほしくないんだ。

それが世界の多くの人の気持ちだと思う。もし米国が過ちを犯したのだとしたら、それを認める勇気も必要じゃないのかな」

私は一気にこう言った。デールはなおも黙っている。

3秒、5秒、10秒…。2人とも何も話さぬまま、非常に気まずい時間が流れた。

やがて赤信号で車が停まると、デールはようやく私の方を見て、ぼそりと言った。

「ヨイチロー、僕が好きな本を君にも読んでほしいと思ってね。後ろの席にあるから、見てくれる?」

振り向くと、後部座席に1冊の本が置かれていた。手に取ると、表紙に『The Count of Monte Cristo』とある。19世紀フランスの文豪アレクサンドル・デュマの代表作『モンテ・クリスト伯』だ。

「この本、すごくいいんだよ。ヨイチローにプレゼントしようと思ったんだ」

このときほど驚いたことはない。私にとっても、『モンテ・クリスト伯』は一番好きな小説だからだ。岩波文庫の全巻セットで何度も読んでいる。

しかし、デールもこの小説がお気に入りだなんて。そして、33年ぶりに会った私のためにプレゼントしてくれるなんて…。急に胸が熱くなった。

「ありがとう! 本当に不思議だよ。実は僕も『モンテ・クリスト伯』が大好きなんだ」

「おお、そりゃ面白い偶然だ」

「日本語訳で何度も読んだけど、英訳書もまた面白そうだなぁ。帰りの飛行機でさっそく読み始めることにするよ」

私がパラパラとページをめくっていると、デールが言った。

「外国の文学って、いいよね。文学だけじゃなくて他の分野でも、外国にはいいものがたくさんある。

僕は別に、米国のものがすべて一番だなんてことは考えていないよ。野球だって、素晴らしい日本人選手が何人もいる。ジャックには、日本の野球も学ぶように言うつもりさ。ハハハ」

デールの笑顔は、2人が出会った頃のそれとまったく変わらなかった。

高校時代、アメリカンフットボールのキャプテンとして皆に慕われ、そして外国から来た言葉の通じない生徒に常に寄り添ってくれたリーダーの、誰に対しても開かれた笑顔。

それだよ、デール。昔も今も変わらない、優しく寛容でサポーティブな君の姿勢こそ、米国のリーダーが取るべき姿勢でもあるんだよ――。

車がアトランタ国際空港の駐車場に入った。かけがえのない友と一緒にいられる残りわずかな時間を惜しみつつ、そして口に出さなくてもすべての思いが通じているのを感じつつ、私は心のなかでそう呟いていた。

ホワイトハウスの直ぐ近くにオープンしたトランプ大統領の超高級ホテル

8章 潜入した「王の居城」で、心臓が凍えるような恐怖を体験

――実業家でもあるトランプ大統領の主要ビジネスがホテル事業だ。政官財のキーパーソンたちが集まって利権を動かし、大統領自らも愛用するその「城」とは、どんな場所で、どんな問題を抱えているのか。入ってみて目撃した驚くべき事実、そして、筆者を待ち受けていたものとは？

ホワイトハウスに近い超高級ホテル

「えっ、1泊700ドル（約7万7000円）もするのか。高いなぁ……」

パソコンで、ホテルの格安宿泊プラン予約サイトを見て、自分の目が険しくなっていくのがわかった。

画面には、ヨーロッパの古城か中世の要塞かと見まがうような、石造りの巨大な建物が映っている。トランプ大統領が所有するホテル「トランプ・インターナショナル・ワシントンDC」。まさに「王の居城」である。

ふだん大統領が居住するのはホワイトハウスだが、これはもちろんトランプの所有物件ではない。彼は以前からビジネスマンとしてホテルグループの経営に携わっており、ニューヨークやシカゴ、ラスベガス、ハワイなど各地にホテルを持っている。そのひとつが、このトランプ・インターナショナル・ワシントンDCなのだ。

場所はホワイトハウスのすぐ近くで、首都の中央を貫くペンシルバニア通りにある。大統領に就任したトランプがこの大通りをパレードした光景は記憶に新しい。

ホテルの建物はもともと米国郵便局のもので、「オールド・ポスト・オフィス」と呼ばれていた。トランプは連邦政府と60年のリース契約を結んで、この歴史ある美しい建造物をホテルに改装し、大統領選挙のわずか2ヵ月前の2016年9月にオープンした。

これが当初の予定より2年も早かったので、「トランプは選挙での勝利を見越して開業を急いだのか」などと噂された。

実際、トランプは、263の客室を持つこの超高級ホテルが、大のお気に入りで自慢の種だ。彼に恭順の意を示そうとする政府高官や、彼の歓心を買いたい各国の大使館関係者たちが、バーを使ったり晩餐会を開いたりしている。

この「トランプの居城」にぜひ行ってみたい。豪華な部屋も見たい……。

ワシントンDCに住むようになって、私はずっとそう思っていた。

しかし、タダで部屋を見せてくれるはずもない。宿泊しなければならない。

それで、格安宿泊プランを扱うサイトを覗いたのだが、冒頭で述べたように、いちばん安い部屋でも1泊700ドル。さらに税金などがかかり、合計800ドル（約8万8000円）近くになることが予想された。

「おいおい、こんな高い宿に自分のような失業者が泊まってはいけないだろう…」

私はたじろいでしまった。あまりにも財布に厳しい。

しかし、王の居城に入って、内部の様子を細かく知りたいという欲求には勝てなかった。

「やっぱり行くしかない」と決心してサイトで宿泊予約の手続きを進め、いつもより指に力を込めて確認のリターンキーを叩いた。

「大統領のホテル」の働き心地は？

宿泊する日がやってきた。

最初は、いつものようにバスと地下鉄を乗り継いでホテルに到着するつもりだった。ところが地下鉄に乗っているうちに、ふと、こんな考えが頭をよぎった。

「ああいう超高級ホテルに歩いて行くのは、カッコ悪いことではないだろうか……」

もちろん、1人の一般宿泊客が歩いてホテルに到着するかどうかなど、誰も気にしていないことは頭ではわかっている。しかし、小心者であるせいか、私はそういうことを考え始めると妙に気になってしまう。

いま思うと我ながらおかしいのだが、見栄を張り、無理してタクシーに乗ることにした。といっても、ホテルから近いところまで行ってから、タクシーを拾おうと計算したのだ。

地下鉄の駅を降り、地上に出る。すぐに空車のタクシーが来たので、乗り込んでこう告げた。

「トランプタワーに行ってください」

「ええと…トランプタワーって、ホテルのことですか？」

褐色の肌の運転手が問い返してきた。訛りの強い英語を話す陽気な若い男性で、後で聞いたらアルジェリア人とのことだった。

「おお、そうだ。タワーではなくて、ホテルです。トランプ・インターナショナル」

「OK、サー」

タクシーで超高級ホテル、それも最高権力者のお膝元に乗りつけるという非日常的な行動に緊張していたせいか、ホテルをタワーと言い間違えてしまった。

運転手の楽しいお喋りをしばらく聞いているうちに、ホテルに着いた。タクシーは、古城のようないかめしい建物を半周して中庭に入り、エントランスの前で止まった。

降車すると、黒人のバトラーが「トランプ・インターナショナルへようこそ」と言いながら、笑顔で恭しく迎えてくれた。

その姿から突然、19世紀半ばの米国南部を舞台にした映画『風と共に去りぬ』に出てくる黒人の召使を思い出した。何度も人種差別的な発言をしているトランプの「居城」で働く黒人ということから、そんな連想をしたのかもしれない。

足を踏み入れて驚いた。古い建物ゆえ、外観は何となくかび臭い感じがしたが、中は明るく、白やクリーム色が基調の内装でさわやかな印象だ。

中央が大きな吹き抜けになっていて、はるか上方にある屋根はガラス張り。広々としたラウンジに、陽光がたっぷり降り注いでいる。

ラウンジの上には鉄骨のアーチが組まれ、そこから美しいシャンデリアがいくつもぶら下がっている。最新の空間デザインに、レトロ感覚とヨーロッパ的な貴族趣味を加えた演出なのだろうか。内装を評価できるような素養は私にはないのだが……。

度肝を抜かれたのは、ラウンジを囲む壁のひとつを見たときだった。一部が巨大な星条旗で覆われていたのだ。

星条旗の下にバーがあった。トランプ・ファミリーやその関係者と人脈を作るためか、各国の大使館員が夜な夜な繰り出すと評判の店だ。私が到着したときはまだ日中だったが、すでに数人の客がくつろいだ様子でグラスを傾け、談笑していた。

チェックインをしながら、対応してくれたフロントの白人女性に話しかけてみた。愛想良く答えてくれた彼女は、以前は別の有名高級ホテルで働いていたという。

——大統領のホテルで働くというのは、どんな感じですか？

「とても楽しく働いています。ここでの仕事を誇りに思っています」

——きれいなシャンデリアがたくさんありますね。

「ええ、ホテル全体で630個あります。お部屋にもありますよ。まだまだ増やす計画です」

彼女はそう言ってカードキーを差し出しながら、「2階のお部屋をご用意しました」と言った。

えっ、2階？　そんな低い階では景色が全然楽しめないよ…と愚痴をこぼしそうになったが、すぐに気づいた。いちばん安い部屋だから2階になるのも当然か、と。

ポーターの男性が私のキャリーバッグを引いて、「こちらへどうぞ」と案内してくれた。名前をホルヘといい、エル・サルバドル出身とのことだった。

「TRUMP」の文字があちこちに

2階でエレベーターを降り、ホルヘさんの後について部屋に向かいながら、「大統領のホテルで働いて、待遇はどうですか?」と尋ねてみた。彼は即答した。

「とても良いです。他のホテルとは比べものになりません」

ホルヘさんも以前は(フロントの女性とは別の)高級ホテルで働いていたという。その名前を聞いて驚いた。世界的に有名なホテルで、それより良いというのは、業界に詳しくない私にも相当な厚待遇だと思われた。

ホルヘさんに嘘や誇張を言っている様子はない。私はトランプの言動から、何となく、彼の会社は従業員を薄給でこき使うブラック企業的なところではないかという先入観を持っていたのだが、このホテルに関しては、事実は逆のようだった。

トランプは大統領に就任して以来、FBI長官や首席補佐官、広報部長らを次々と解任して話題になったが、経営者としては「社員を大切にするタイプ」なのかもしれない。少なくとも、きちんと仕事をする社員には、同業他社よりも良い条件で報いる方針なのか。

まあ、あれだけ高い宿泊料を取ってなお、客が途切れないからできることかもしれないが……。

「お部屋はこちらです」

こう言ってホルヘさんがドアを開けてくれた。

中に入り、まずベッドのサイズに驚いた。とにかく大きく、ほぼ正方形で、部屋の大半を占有しているため、他の家具との配置バランスが悪い。ベッドの脇に置かれたライティングデスクは狭苦しく、テレビの前のスペースも小さい。

そのため、全体的に窮屈な感じがする。ベッドでゴロゴロしている以外、この部屋でくつろいで過ごす方法はなさそうだ。

まあ、広い部屋に泊まりたければもっと金を払え、といわれればそれまでなのだが。

ベッドのボードには、金色に輝く金属の彫刻が取りつけられていた。彫刻のてっぺんは王冠の形をしている。

はて、これは、王様のような気分で寝かせてあげようという意味なのか。トランプという「王」がここに美女たちを侍らせて寝転がっている図は容易にイメージできるが……いや、この小さな部屋を彼が使うことはないだろう。

建物の外観とあわせて、ベッドもヨーロッパ貴族の雰囲気を狙ったのかもしれないが、私には、どちらかというとアラブの富豪調のように感じられた。

ベッドばかり大きくて狭いこの部屋に1泊して8万円か。私のような、潜入（？）取材というよこしまな狙いを持っている客でなければ、怒るのではないか……。

それが、入室直後の率直な感想だった。

私がそんなことを考えているとも知らず、ホルヘさんは笑顔を崩さず、早口でいろいろ説明してくれる。


彼が指差すまま室内を眺めるうちに、さまざまなアメニティに「ＴＲＵＭＰ」という言葉が記されていることに気づいた。また、ミネラルウォーターやワインのラベル、ナッツの瓶のふた、チョコレートの包み紙などにも、しっかりと「ＴＲＵＭＰ」の文字が入っていた。

考えてみると、ホテル名が「トランプ・インターナショナル」なのだから、備品や飲食物に「ＴＲＵＭＰ」の文字があっても不思議ではない。しかし私は、緊張も手伝って、まるでトランプを教祖として崇める宗教団体の建物に入り込んだかのような軽い興奮を覚えていた。

「バスローブは2着あります。私ども自慢の、高品質のバスローブです。おくつろぎの際にぜひお召しください」

こう言ってホルヘさんが見せてくれたバスローブの胸には、もちろん「ＴＲＵＭＰ」の文字があった。

備品はすべて米国製なのか？

室内の説明が終わり、私は礼を言って、用意していたチップをホルヘさんに渡した。金額は10ドル（約1100円）。

ホテルのポーターへのチップは、荷物1個につき2ドル程度が一般的だろうか。10ドルのチップなど、これまで渡したことがない。

実は、この金額についてはうじうじと悩んだ。結局、「自分は超高級ホテルで8万円の部屋に泊まる客なんだ。思い切って10ドルのチップくらい渡せても当然じゃないか。5ドル程度だとバカにされるかもしれない」などと考えて決めたのだが、10ドル札をポケットから出しながら、見栄っ張りな自分が情けなくなった。

思い切って奮発した10ドルにも、ホルヘさんはまったく驚いた様子を見せなかった。事務的な微笑を浮かべると、「サンキュー、サー」と言ってさっと受け取った。

こちらにはなけなしの大金なのに、ちょっとは嬉しそうにしてほしかったなぁ…と少しがっかりしたが、そんな自分がまた姑息なように思え、頭から振り払った。

ホルヘさんが出ていき、部屋のドアが完全に閉まったのを確認して、私はバッグからカメラを取り出した。そして、「TRUMP」の文字が入ったものを次々と撮影した。

そのとき、ふと思った。このホテルにある備品はすべて米国製なのだろうか、と。

トランプ大統領は「バイ・アメリカン」（米国の製品を買え）と語って保護主義的な方針を打ち出し、喝采を浴びた。特に、政府機関の備品は米国製にするようにという指示まで出している。

では、自分のホテルにあるものも米国製ばかりなのか？

バスルーム（こちらは無駄と思えるほど広い）に入り、洗面台のマウスウォッシュを手にした。見ると、あれ？「メイド・イン・カナダ」（カナダ製）とある。

いきなり米国製品ではないものに突き当たった。それとも、カナダは北米大陸の国だから大目に見るということか。

次にシャワーキャップをチェックした。これには、おそろしく小さな字で「メイド・イン・チャイナ」（中国製）と書かれていた。

タオルは？「メイド・イン・インディア」（インド製）だ。

おいおい、「バイ・アメリカン」を唱える王様の居城で、米国製品が見つからないよ！

そうだ、ホルヘさんがわざわざ説明してくれたバスローブなら米国製に違いない。高品質が自慢だというのだから……。

そう考えてバスローブを見てみると、またも「メイド・イン・チャイナ」とあった。

ああ、と私は溜息をついた。「バイ・アメリカン」というのはポーズだったらしい、と。

前述のように、このホテルは、トランプとヒラリー・クリントンが激しい選挙戦を戦っていた最中の２０１６年9月に開業している。

当時、もしヒラリー陣営の誰かが宿泊して、私と同じように備品などを撮影し、『『バイ・アメリカン』を唱えるトランプのホテルで米国製品が使われていない」とでも攻撃したら、トランプ陣営に多少のダメージは与えられたかもしれない。選挙の結果が引っくり返ったかどうかはわからないが……。

結局、客室内で「メイド・イン・ＵＳＡ」（米国製）と書かれたものを見つけることはできなかった。私は部屋を出て、地下のスポーツジムに向かった。

ゴルフ以外に興味がない「王」

米国のホテルにとって、スポーツジムは不可欠な施設という印象がある。そんなに高くないビジネスホテルでも、ジムがあって、朝早くから何人もランニングマシンに乗っている。

このトランプ・インターナショナルのジムに入ると、中はそこそこ広かった。ランニングマシンも十数台あり、これは一般のスポーツジム並みの数と言えるだろう。

ただし、別に高級な感じではなかった。日本でも、一般向けに全国でチェーン展開しているジムがいくつかあるが、それと似た雰囲気だった。

今年（2017年）2月、トランプと日本の安倍晋三首相が日米首脳会談をおこなったとき、「ワシントン・ポスト」の政治記者から聞いた話を私は思い出した。両首脳のゴルフが注目された会談だが、トランプとスポーツの関係について、記者はこう教えてくれたのだ。

「若い頃のトランプはスポーツ好きだったんだ。高校時代は野球チームの中心選手だったし、（アメリカン）フットボールでも活躍していた。

しかし、大学に入ってから、彼はスポーツをいっさいしなくなった。『体を鍛えるのは時間の無駄だ』と言いはじめたそうだよ」

——なぜ、一転してスポーツに無関心になったんですか？

「大学時代から、トランプは『金儲けにならないことはすべて無駄』と考えるようになったんだ。スポーツもしかり。

でも、たったひとつ、ゴルフだけは違った。これは『金を生むスポーツ』だとトランプは思っている。だからゴルフしかやらないんだよ」

質素な雰囲気のジムを見て、確かにトランプはゴルフにしか関心がないのかもしれない、と思った。マシンの上を走ったり腹筋運動をしたりするのは、彼にとって無駄な時間の使い方なのだろう。

ホテルだからとりあえず形だけジムを設けてみた、ということか。

ジムの向かいに、対照的に高級な雰囲気を醸し出す店舗があった。「イヴァンカ・スパ」という看板が出ている。トランプ大統領の長女・イヴァンカが経営するスパだ。

「居城」に娘の店を置くとは…と少々呆れたが、考えてみれば、いま米国の政治そのものをトランプ一家が牛耳っているのだ。自分のホテルのスペースを娘の会社に提供しているくらい、驚くには当たらないのかもしれない。

完全に監視されている？

スパには入らなかったが、一通りホテルの中を見てから部屋に戻った。ベッドに腰を下ろした途端、卓上の電話が鳴った。

いままで多くのホテルに泊まってきたが、フロントに用事があって自分から電話をかけることはあっても、かかってくるのは珍しい。しかも、部屋に戻った直後のタイミングだ。

何だろうと訝りつつ受話器を取ると、女性の声がこう話しかけてきた。

「ミスター・タテイワ、あなたはホテル内で写真を撮っていましたね？」

「はぁ？」

「あなたはジャーナリストですね？」

「えっ？」

「アメリカン大学に滞在するジャーナリストですね？」

私は仰天した。心臓が凍りつきそうな思いだった。あちこちで写真を撮ったことが、なぜホテル側に知られているのか。

いや、その答えは簡単だ。おそらく、ホテル内に設置された多くの監視カメラを通じて、スタッフが私の行動を見たのだろう。そこまではすぐに推測できた。

では、なぜ私がジャーナリストだとわかったのか。

そして、そもそもなぜ、部屋に戻ったばかりのタイミングで電話がかかってきて、そんなことを問い質されるのか……。


うろたえている私に対し、電話の向こうの女性は続けた。

「あなたがホテル内で撮った写真を利用することはできません。もし使いたいというご希望でしたら、マーケット担当を通してください」

「マーケット担当って何ですか？」

「ホテル内の撮影は専属のカメラマンが担当しています。仮にご自分で撮られた写真を、マーケット担当を通さず商業的に利用された場合、法的な問題が生じます」

胸の鼓動が高鳴るのがわかった。なんだ、こいつらは？　客の素性を調べているのだろうか？

何のために?

得体の知れない不気味さを感じつつ、私はかろうじて答えた。

「商業的に利用することなど考えていません。私が撮影したところを見ていたのならわかるでしょうが、使っているのは簡単な小型カメラです。それで商業用の写真は撮れません」

彼女は私の返答を聞かなかったかのように続けた。

「大切なことですので重ねてお伝えします。写真のご利用を希望される際は、必ずマーケット担当をお通しください」

電話を切ってから、何度か深呼吸をして、冷静さを取り戻そうと努めた。やがて、なぜ私の職業をホテル側が知ったのか、その理由に思い当たった。

宿泊予約を入れるとき、所属組織の欄に「アメリカン大学」と記入していたのだ。グーグルで、私の氏名と「アメリカン大学」で検索すると、顔写真と共に、ジャーナリストとしての経歴を英語で記した文章が出てくる。

「ちぇっ、失業者とでも書いておけばよかったか」

私は独りごちたが、もちろん超高級ホテルに泊まるのにそんなことは書けない。やがて、いろいろな疑問や不安が奔流のように頭に浮かんできた。

ホテル内で撮った写真は本当に使えないのか? まさか。報道目的であれば何の問題もないはずだ。でも、そんなこともお構いなく、ホテルは訴えてくるだろうか?

それにしても、部屋に入った直後に電話がかかってきたのは、誰かが私の一挙手一投足をずっと細かく監視していたからか？

心臓が再びドキドキしてきた。トランプ大統領が常日頃からメディアとジャーナリストを敵視し、罵倒していることを急に思い出した。

私は、トランプの居城にこっそり入り込んだような気がして悦に入っていたが、そんなことなど彼の臣下たちはとっくに把握していた。そして、「敵」である私の素性を丸裸にして、完全な監視下に置いていた――。

私は思わず背中がぞくりとするのを感じた。

利益相反の温床

この日の夜は、ホテルのレストランで知人と食事をすることになっていた。弁護士の山中眞人氏だ。国際ビジネスを専門としている山中氏は、日本だけでなく、米国ニューヨーク州と首都ワシントンＤＣの弁護士資格も持つ、切れ者の法律家として知られている。

夕方、ロビーで山中氏と落ち合い、まずは部屋に迎え入れた。そして、ホテルのスタッフから脅しめいた電話がかかってきた件を話し、「自分で撮ったホテル内の写真を記事に使ったら、法的に問題になるのでしょうか？」と尋ねた。

山中氏はこう答えた。

「問題ないですよ。おそらくそれは、このホテルの写真集を出すなどの行為について釘を刺したのでしょうが、大統領の問題について報道する目的で撮影されたものであれば、使用に問題はないでしょう」

この件については後日、アメリカン大学のジャーナリズム専攻の教授や他の米国のジャーナリスト数人にも聞いてみたが、皆、同じ答えだった。「特にワシントンＤＣでは、報道の権利が他の州よりも守られている」と説明してくれた人もいた。

気分直しをしたくなり、やや早めの時間帯だったが、山中氏と共にディナーへ向かった。有名シェフのレストランで、巨大な吹き抜け空間の2階部分にある。向かい側の壁には、前述した大きな星条旗がかかっている。

料理は高級フレンチで、水や塩に凝っていると聞いたが、私はグルメの知識に疎いため、その重要性がよくわからない。ただし、美味であることは間違いなく、一皿一皿の見映えも素晴らしかった。

私たちは「レストランで料理を撮影するのは日本人の常識ですよね」などと冗談を言いながら、新しい皿が運ばれてくるたびに写真を撮った。これを監視されるのはちょっと恥ずかしいような気もしたが、おいしい料理を楽しんでいるうちに、もうどうでもいいやと思えてきた。

ひとしきり舌鼓を打った後、山中氏に尋ねてみた。

——このホテルをどう思われますか？

「印象で言えば、このホテルは利益相反の温床です」

山中氏の表情が厳しくなった。おお、トランプの問題点を語るときのキーワードがここでも出た、と私は膝を打った。

利益相反——。この国のリーダーが、自らの利益のために公共の政策を歪めていることを指す言葉だ。山中氏は続けた。

「そもそも、ホワイトハウスのすぐ近くでホテルを営業して、そこにさまざまな利権が絡むわけですよね。まともな大統領はそんなことをしないでしょう」

——長女が経営する「イヴァンカ・スパ」の店舗にホテルのスペースを提供していることは？

「あれも問題でしょう」

山中氏はズバリと言い切った。

毎日、巨大な金と利権が動く場

実は、このホテルの運営資金は、ドイツ銀行からの融資によって賄われている。ドイツ銀行は、他にもトランプが経営するいくつかの企業に巨額の融資をしてきたが、一部の返済が滞っていると報じられている。

そもそも、ドイツ銀行自体が経営破綻寸前の状態とされている。同行は米国で、住宅ローン担保証券を不正販売した問題で72億ドル（約８０００億円）の罰金を払ったり、ロシア富裕層の不正なマネーロンダリングに絡んで制裁を科されたりしている。

他にも多くの問題を抱え、いまも米司法当局の捜査を受けている。

司法当局はもちろん大統領の指揮系統下にある。もし、トランプからの圧力で、彼の会社に融資しているドイツ銀行への捜査の手が緩まるようなことがあれば、そこには明らかに「利益相反」の可能性が浮かび上がる。

その点について山中氏に尋ねると、「利益相反を疑わないほうがおかしい」という見解だった。あくまで私の想像だが、トランプがドイツ銀行の捜査を骨抜きにした場合、同行はその見返りとして、彼の企業への融資の条件を緩和するかもしれない。

考えてみると、このトランプ・インターナショナルほど、巨額の「利益」が飛び交うホテルはそう多くないだろう。

前述の通り、各国の大使館関係者がこのホテルをよく利用する。宿泊に使う人もいれば、盛大なパーティーを開く人もいる。グローバルな利益集団が、大きなホールを借り切ってイベントを開催したこともある。

要するに、ここで毎日、大小さまざまな資金や利権が動いたり、国内外のネットワークが築かれたりするわけだ。その結果、ホテルにどれくらいの金が入るのか、どんな有形無形の利益や利権がトランプにもたらされるのか、それらはすべて適法なものなのか、第三者が把握することはできない。

山中氏と私は食事を終え、大きな星条旗の真下にあるバーに移動した。カウンターがすでに満席だったので、私たちは、テーブル席のまだ空きがある一角に腰を下ろした。ちょうど注文するとき、トランプの母親がスコットランド出身だという話になったのがきっかけで、2人ともスコッチウィスキーを頼んだ。

実は当初、このバーで複数の米国人ジャーナリストと合流するはずだった。ところが直前に予定が変わり、彼らは来ないことになった。そこで引き続き、山中氏と私の2人だけで酒と会話を楽しむことにした。

予定変更の理由は、ホテル側に、私がジャーナリストだと知られたからだ。

米国人ジャーナリストたちも情報収集と情報交換のため、素性を隠してバーで私たちと同席し、いかにも友人グループという雰囲気で一緒に飲もうという約束になっていた。

しかし、私の立場がバレた以上、会うのはやめた方がよさそうだった。彼らの身元に加えて外見もトランプ側に押さえられれば（確実に監視カメラで撮影されるだろう）、今後の取材活動に支障をきたす恐れがある。

私は山中氏と面談する前、彼らの1人に電話で事情を説明し、この日に会うのはやめておこうということで合意した。

米国人ジャーナリストたちと情報交換できなかったのは残念だが、山中氏の話も興味深いものばかりだった。さすが米国の経営者層に幅広い人脈を持つ法律家だけある、と改めて感心した。私が、「利益相反と公私混同の塊のようなこのホテルを見ると、トランプがこのまま任期をまっとうできるとは思えないんです」

と言うと、山中氏は頷き、「そうですね」と言葉少なに答えた。

「何かがおかしい」という感覚

やがて、2杯ほど飲んでから山中氏は帰宅した。ホテルに泊まる私はそのままバーに残り、さらに一杯注文した。

夜も遅くなっていたが、カウンター席は相変わらず混んでいる。そして、カウンターの周辺に集まっているのは、どうやら宿泊客ではない人が多いようだった。

こざっぱりしたスーツなど、センスが良く高そうな服に身を包んだ男女が目立つ。彼らはグラスを片手にしきりと立ったり座ったりしながら、握手をしては話し込み、笑い、頷き合っている。

各国の大使館関係者やワシントンDCの政界関係者、あるいはビジネスエリートたちが人脈を作り、親交を深めているように見えた。

一方、テーブル席にもそこそこ客が入っていたが、こちらはカウンターとまったく雰囲気が違う。老夫婦や中年女性のグループなどが多く、大半が宿泊客のようだった。

全米各地からワシントンDCの見物に来た人たちだろうか。トランプ支持者が多い州からの観光客たちが、ホテル名に「トランプ」を冠していることに惹かれて、宿泊を決めたのかもしれない。

時計を見ると、午後11時を回っていた。そろそろ部屋に引き上げようかと改めて店内を見回し、不意にあることに気づいてハッとした。

ここにいる客たちは、私を除いて、全員が白人だったのだ。いや、正確に言えば、黒人のウェイターと私を除いた全員である。

それはトランプを圧倒的に支持する中西部の例えば、オハイオの街の風景と同じだった。白人ばかりが白人のためのコミュニティを作って優雅に暮らす世界。そこには黒人もヒスパニックもアジア系もいない。

まかり間違っても、ヒジャブ（イスラム教徒の女性が頭を覆う布）をかぶった人などはいない。絶対に存在しえない。

ひょっとすると、いま自分がいるのは、さまざまな人種が混在するワシントンDCではないのではあるまいか…と錯覚しそうになった。

次の瞬間、さらにもうひとつの事実を発見して、思わず息を呑んだ。私の席の周辺に、誰も座っていなかったのだ。

山中氏と楽しく酔って語り合っていたこの席を、無人のテーブルと椅子がぐるりと囲んでいる。そのさらに周囲の席ばかりを、白人の客たちが占拠している。

――まるで隔離されているようだ、と私は思った。急に脱力し、全身に酔いが回ってくるような感覚に襲われた。

もちろん、白人客たちが意図的に私たちから離れて着席したということは決してない。彼らはただ座りたい席に座っただけなのだろう。

その結果、得体の知れない言語を話す東洋人2人のテーブルの周囲が空席になった。それだけのことであり、気にする方がおかしいのかもしれない。

日中からカメラで監視されたり身元を調べられたりして、私がややナーバスになっていたせいもあるだろう。

しかし、大勢の白人客から離れたところにひとりぽつんと座り続けていると、「ここは本当にワシントンDCなのか。何かがおかしいのではないか…」という思いがどうしても頭から去ろうとしなかった。

もう1杯飲みたかったが、考え直して支払いを済ませ、バーを出た。前向きでない心理状態のときにグラスを重ねても悪酔いしてしまう。

歩きながら見上げると、あの巨大な星条旗が私を見下ろしていた。私は立ち止まってそれを見つめながら、今私の姿がホテルのカメラにどう映っているのか思ってみた。

米国の国家としての統合と、自由や人権という理念を象徴しているはずの偉大な国旗。

しかし、それが掲げられている超一流ホテルでは、自由や人権と相容れるとは思えない細かい監視がおこなわれ、その経営者が率いる国は、統合ではなく分裂へ向かって進みつつある。何という皮肉だろう――。

そんなことを考えながら、私は立ち尽くしたまま、腕を組み、じっとその星条旗に視線を向けていた。こちらを見下ろす旗を睨み返しているつもりだった。

そして酔った頭で、間違いなくカメラで見ているはずの監視者はこの私の妙な行動をどう判断しているのだろうか、とぼんやり考えた。

バージニア州にある海兵隊博物館。斜めに傾いた三角形建物の意味するものは…（撮影：加藤雅

9章 「海兵隊の街」に潜入して見た最強軍団の〝聖地と秘密〟

――最強と言われる米軍の中でも、いちばんタフで危険な最前線で戦う海兵隊。ハードな訓練で心身を鍛え上げ、命を張って勇敢に国を守る精強さが世界的に有名な一方で、日本では沖縄の基地問題の大きなファクターであり、たびたびトラブルを起こしてきた。

そんな彼らの広大な基地にこっそり入り込んで目撃した「歴史的な宝物」と、耳にした「大統領への批判」とは？

斜めに傾いた三角形の建物

米国の首都ワシントンＤＣは、街の規模でいえば、ここが本当に世界を動かすスーパーパワーの本拠地なのかと拍子抜けしてしまうほど、小さくこぢんまりとした自治体だ。車で走れば、30分くらいで主要部を突き抜けてしまう。

ただし、街の中心に近いところでは道路がしばしば混雑している。そのため、ワシントンＤＣを東京の山手線のように囲む「ベルトウェイ」という高速道路を使って、車で移動する人が多い。

私はその日、元軍人のジョンという知人の車に乗せてもらい、彼の運転でバージニア州のある街に向かった。

ジョンは私とほぼ同世代の白人男性だ。陽気な彼とのお喋りを楽しんでいるうちに、車はベルトウェイを快走していく。やがてワシントンＤＣの中心部を左手に見ながら、バージニアとの州境を越えた。

それから1時間近くドライブを続けた頃、道の前方の左側に、三角形の大きな建物が見えてきた。三角形といっても、ピラミッドのように均整の取れた正角錐型ではない。全体が斜めに傾いており、その頂点からはさらに上に太い棒が斜め上に延びていて、建築物としては何とも異様に見えた。

私は思わず、隣でハンドルを握るジョンに「あの建物は何？」と尋ねていた。

「ああ、あれは国立海兵隊博物館だよ」

「海兵隊博物館？　名前はお固いのに、風変わりな形をしているね。何かを模しているのかな？」

「さぁ、わからないな」

数年前に軍を除隊したジョンだが、ずっと所属していたのは陸軍なので、海兵隊については詳しくない。

「海兵隊の博物館があるということは、クアンティコは近い？」

「そう。もうクワニコだよ」

バージニア州クアンティコ（Quantico）。私が発音すると「クアンティコ」になるが、米国人だと「クワニコ」となる。海兵隊の基地がある場所として知られている。

実は今回、私はこのクアンティコ基地の内部に入りたいと考えて、ジョンに連れてきてもらったのだ。基地といっても、軍事施設だけでなく、将校や兵士が暮らすためのインフラや生活施設、商業施設も備えており、まさに「海兵隊の街」と言える。

私にとって、「トランプ王国」のさまざまな顔を取材する旅を続けるうちに、ぜひ一度行ってみたいと思うようになった場所がこのクアンティコ基地だった。新兵訓練所としても知られ、ときどき映画やドラマの舞台にもなっている。海兵隊の他にも、ＣＩＡやＦＢＩがここで特殊作戦の訓練などをしているという。

これから、そこに〝潜入〟しようというのだ。

身柄を拘束されるかもしれない

ジョンの運転する車がクアンティコ基地の入り口に近づくにつれて、心の中で少しずつ緊張が高まっていった。外国人である私が、米国の軍事施設の内部をあれこれ見て回ったりしたら、単に咎められるだけでなく、捕まって厳しく罰せられるのではないか……。

そんなことを思っているうちに、車は先ほど見た海兵隊博物館の脇を通過した。傾いた三角形のビルを窓から眺めながら、こんな奇妙な建物がそびえ立つ基地のなかはおそらくまったくの別世界で、何が起きても不思議はないかもしれない――とかすかな不安めいた気持ちを覚えていた。

車の後部座席では、カメラマンの加藤雅史君が機材を点検してザックに入れ直していた。加藤君はＮＨＫ時代の仲間で、トランプ大統領の就任式を取材した際にも集まった人々の様子を撮影してくれた。

今回も、また日本から来て私たちに同行してくれたのである。

「加藤君、気をつけてくれよ。基地の中で撮影しているのが見つかると、身柄を拘束されるかもしれないから」

「はい。わかってます」

やがて車はゲートに滑り込んでいった。ジョンは胸のポケットに手を入れて、身分証明書を取り出した。

実は、彼に車を出してもらったのは理由がある。この身分証明書を持っているからだ。軍人としての資格を示す証明書を保持していれば、軍の基地に入ることができる。

最初、この話を聞いたときは驚いた。

ジョンは実はすでに軍を除隊している。しかも、彼が在籍していたのは陸軍で、海兵隊とは無関係ではないか。

しかし、米国の軍人は、除隊した後も一定期間は軍人としての資格を維持することができ、どの軍に所属していても、原則として4軍（陸軍、海軍、空軍、海兵隊）すべての基地に入れるのだという。

これは、軍人（及び除隊して間もない元軍人）にとってきわめて〝お得〟な制度だ。

なかでも大きいのは、基地内で買物などができる点。非課税なので、モノやサービスを、市中の店舗で買うよりずっと安く購入することができる。

私はこれまでも、ジョンが近くの海軍の施設に買物に行くのに付き合ったことが何度かある。米国では一般的に安価なビールが、さらに安く、銘柄によってはタダのような値段で売っているのにびっくりしたものだ。ワインも安い。

内心ひそかに、「これでよく市中の酒屋が怒らないものだなぁ」と首をひねりたくなった。

しかし米国で、これは軍人に当たり前に与えられる特典とされている。控え目なジョンは口に出さないが、多くの軍人たち（や元軍人たち）は「我々は身体を張って国を守ってきたのだから、このくらいの恩恵を受けるのは当然だ」と考えているのだろう。

ジョンは基地のゲートでいったん車を停め、窓を開けると、チェック係の若い兵士に身分証明書を見せた。

はたして、咎められずに入れるだろうか。入った後、無事で出られるだろうか……。

私は心臓がドキドキするのを感じていた。

チェック係の兵士は、まず、ジョンが差し出した身分証明書を一瞥した。そして、ろくに車内を見ることもなく、手で「入ってよい」というジェスチャーをした。

あまり厳しいチェックではないことに、拍子抜けしてしまった。

映画などでよくあるように、加藤君と私は不審な来訪者として顔をじろじろと見られたりするのかと思ったが、そんなことはなかった。身分証明書の提示を求められることも、来訪の目的を尋ねられることもなかった。

2人で顔を見合わせてホッと溜息を吐いた。

「こんなに簡単に入れるとは思わなかったなぁ」

オハイオ州の大学で写真を学んだ加藤君が、流暢な英語で驚きの声を上げた。

「そうだなぁ。ここの入り口のゲートで止められることはまずないね」

ジョンが笑顔で応じながらアクセルを踏んだ。車は基地内の道路をゆっくり進む。

周囲には木が生い茂り、森のようだ。しばらく周りに建物などは見えず、何も知らなければ、ここが軍の基地とはとても思えないだろう。それだけ広大な敷地なのだ。

瞬時に人を殺せる戦闘のプロ

基地といえば、私には忘れられない思い出がある。かつて沖縄で、米軍とその基地をしばしば取材対象にしていたときのことだ。

私は1991年にNHKに入り、最初の5年間を記者として沖縄で過ごした。この配属は自分が希望したものでもあった。

いわゆる「基地問題」を含め、沖縄に駐留する米軍に関する問題をカバーしたいと思っていたからだ。

大手メディアの記者の多くと同じように、最初は警察担当（サツ回り）をした。私は通常より長く、サツ回りを3年ほど続けたが、その間、実は米軍を取材する機会が多かった。

沖縄における犯罪の多くに、米兵が絡んでいたからだ。なかでも海兵隊員たちは、しばしば事件を起こして注目と批判を集めた。

地元のホームレスの男性が米海兵隊員に殺害された事件は、いまも鮮明に覚えている。ホームレスの男性と海兵隊員は、広場で地べたに座り込んで一緒に酒を飲んでいた。男性がふざけて空手の真似をした、その瞬間だった。海兵隊員はポケットからすばやくナイフを取り出し、男性の首を刺して殺害した。

そのわずか1週間後には、衣料品店の店主がやはり海兵隊員に首を刺されて殺された。原因は値引き交渉のもつれだったという。

どちらも組んずほぐれつの格闘の末などではなく、首への一突きによる瞬時の殺害だったことにも、私は衝撃を受けた。

それこそフィクションのなかの存在だった「殺しのプロ」という言葉が頭に浮かんだ。それ以外の表現で犯人たちを形容できるだろうか…とさえ当時は思ったほどだ。

さらに驚いたのは、これらの事件を取材しているときに、米兵がたむろするバーで会った米空軍の下士官の言葉だった。「海兵隊について知りたい」と言う私に、彼はこんな説明をしてくれたのだ。「君が米国で犯罪を犯すとする。たとえば殺人とか、強盗とか、傷害とかね。すると裁判所で、君はこう言われるよ。『刑務所に行くか？　海兵隊に入るか？』って」

もちろん、海兵隊員すべてが凶暴な人間であるわけではない。彼らの多くは、米国（及び米国を中心とした国際秩序）を守りたいと念じて、猛訓練を重ね、真面目に職務を励行している。

しかし、実際問題として、米国で（米軍内でも！）海兵隊は、マッチョで粗暴であまり知的でない集団のように見られてきたのは事実だ。

中東へ派遣された海兵隊員が主人公の『ジャーヘッド』という有名な戦争映画がある。この「ジャーヘッド」とは海兵隊員への蔑称で、「頭が空っぽの奴」といった意味だ。

エアコンなしで猛暑に耐える

１９９４年、沖縄でショッキングな少女暴行事件が起こった。この犯人については、いまも米海兵隊員だという誤解があるが、実際はそうではなく、米海軍の軍人による犯行だった。

だが、海兵隊が常にそういうイメージで見られがちなのは確かである。

ちなみに、米海兵隊は、他の軍の師団に当たる「海兵遠征軍」を3個持っている。そのうち2個が米国内に、１個が海外、すなわち沖縄に駐留している。

おぞましい少女暴行事件をきっかけに、日米両国の政府は、海兵隊が駐留する普天間基地の移設に合意した。そして、まず米空軍の嘉手納基地への移設が検討されたが、空軍からの強い反対によって嘉手納は選択肢から外れた（騒音被害が大きくなるという嘉手納町民の反発もあった）。

このとき空軍が嘉手納移設に反対したのはなぜなのか。私は当時、取材を進めるなかで、あまりにも赤裸々な本音を聞いた。

海兵隊が嘉手納にやってくることに空軍が反対した表向きの理由は「垂直に移動する海兵隊のヘリコプターを、空軍の航空機と同じ施設で運行するのは難しいから」というものだった。しかし、当時の空軍関係者は私に真顔でこう語った。

「あんな理由はこじつけさ。本当の理由？　海兵隊の連中と同じ場所で一緒に生活してみろ。我々の家族はどうなると思う？　妻も娘も何をされるかわかったものじゃない」

同じ米軍とはいえ、空軍には、明らかに海兵隊を嫌う雰囲気があった。彼らは〝何をするかわからない、屈強で粗暴な連中〟であり、基地という同じ「街」で暮らすことも、まして愛する家族を近づけることもまっぴらだ、という本音である。

ちなみに、海兵隊は海兵隊で、どこか空軍をバカにしているところがあった。

海兵隊員は「エア・フォース」（空軍）という単語をもじって、「チェア・フォース」とよく呼んでいた。チェア、すなわち椅子に座っているだけの、役立たずの軍だという揶揄である。

要するに、互いにどこか嫌い合っている印象で、どっちもどっちというところだろうか。


その後、私は警察担当を離れて米軍への本格的な取材を始め、普天間基地にも出入りするようになった。そこで初めて海兵隊の隊舎に入ったとき、驚いたことがひとつある。

隊舎にエアコンがなかったのだ。沖縄の真夏の猛暑にも、海兵隊員たちは冷房なしで耐えていた。

これは米空軍と対照的だった。嘉手納基地など空軍の施設は、寒いと感じるほどに冷房を効かせていたからだ。

「冷房がないんだね。暑くない？」

若い海兵隊員に尋ねると、彼はニヤリと笑って答えた。

「俺たちはマリーンだからね」

「マリーン」とは海兵隊員の意味で、正式名称の「マリーン・コー」（Marin Corp）と呼ばれることもある。

彼らは前述のように、粗暴であまり賢くないというイメージを持たれているが、一方、厳しい訓練に耐えて肉体を鍛え上げ、米軍の中でも、常に最前線で命を危険に晒しながら勇敢に戦っている戦闘集団でもある。

暑さを含め過酷な状況に耐えることも、また彼らの大きな誇りなのだ。

海兵隊員が教会で神に祈ること

……などと20年以上前のことを思い出しているうちに、車は森を抜け、目の前に隊舎らしきビルが見えてきた。立派な赤レンガ造りの建物もある。

ジョンは、赤レンガの建物が「海兵隊大学校」だと教えてくれた。

「ジョン、これは一般的な大学と同じようなものなの？」

「海兵隊の幹部が行くところだよ。大学というより、大学院のような高等教育施設だね」

海兵隊で将来の指導層となるエリートたちが、ここで専門的な教育や訓練を受けるということらしい。

そうか、海兵隊にもエリートはいるんだ。そう言えば、トランプ政権のジェームズ・マティス国防長官は海兵隊出身だった…などと私は思いを巡らせていた。

ちなみに、海兵隊出身者で初めて国防長官になったマティスは、湾岸戦争やイラク戦争で戦った歴戦の猛将で、「狂犬」と呼ばれており、トランプ大統領もしばしばこの呼称で彼に言及する。「狂犬」は、トランプとしては最大級の誉め言葉なのだろう。

ふと、別の方向を見ると、遠くを数十人の海兵隊員が行進していた。皆、胸板が厚く筋骨隆々の、鍛え上げた体型なのが見て取れる。

加藤君が車中からカメラを構えたが、遠すぎてすぐにシャッターを切れなかった。

私たちは駐車スペースに車を停め、しばし基地のなかを歩き回ることにした。

近くに教会があった。かたわらの地面には、銃器が整理して置かれていた。軍事基地のなかに教会があることも、教会の前に並ぶ銃器という取り合わせも、何とも奇妙に見えた。

ひょっとしたら、武装を解いた海兵隊員たちが、教会でミサなどの行事に参加しているのか……

と思ったが、あくまで想像にすぎない。

タフな彼らにももちろん魂があり、他のあらゆる人々の魂と同じく、ときに神の救済を必要とするのだろう。しばしば敵の命を奪い、自らの命を奪われることも多い海兵隊員は、どんなことを神に祈るのだろうか。

しばらく歩くと、鉄道のレールがあった。どこかへ向かって一直線に伸びている。

軍事基地のなかを列車が走るとは意外だったが、ジョンがこう説明してくれた。

「このレールはワシントンＤＣまでつながっているんだ」

首都を守らなければならない事態になったら、これを使って、基地から兵員や武器、資材などを運ぶらしい。つまり海兵隊は、王と王宮を守る近衛兵ということか。


さらに進むと、商店街らしき一角に出た。レストランや土産物店などが並んでいる。

軍服を着た海兵隊員がいるのはもちろんだが、見るからに普通の米国人のおじさんたちが何人も歩いていた。基地で働く人たちだろうか。

私たちは「タウン・カフェ」という店名のレストランに入った。経営者は、パク・チョングンさんという韓国系米国人で、６年前にこの街に店をオープンさせたという。中華料理が中心のバイキング形式で、店は混んでいた。

私はパクさんに「この街はどうですか？」と話しかけてみた。

「まぁまぁだね」

「お客さんは海兵隊の人たちですか？」

「そうだね」

見るからに働き者という印象のパクさんは、言葉少なに答えると、厨房に入っていった。忙しい時間帯に仕事の邪魔をしてはいけないので、彼にそれ以上質問するのは控えることにした。

完全に怪しまれている

やがて私たちは食事をすませてレストランを出た。すぐ近くに、軍服姿の海兵隊員3人組が歩いていた。

休み時間とはいえ、いったん有事となれば真っ先に戦場に飛び込む兵士たちは、独特の迫力とオーラを出している。

私は、やや気圧されそうになりながら、彼らに「こんにちは。私は日本から来た観光客なんです」と話しかけてみた。「観光客」と言うとき、自分の口が少しこわばっているのがわかった。

「おお、そうか。日本からか」

背の高い白人男性の隊員が気さくに応じてくれた。わずかに微笑を浮かべ、穏やかな表情だ。

私は思い切って、さりげない口調で尋ねてみた。

「そうなんです。ところで、トランプ大統領はここで人気があるんですか？」

あくまで何気なく聞く風を装ったのだが、私の演技力はどうやらお粗末だったらしい。一瞬にして相手の微笑がサッと消え、顔がこわばるのがわかった。

彼は鋭い視線で私を見ると、心なしか背筋を伸ばしてこう言った。

「我々は大統領を支持する！」

他の2人の海兵隊員も私の顔をじろじろと見た。どうやら不審がられているらしい。

彼らのリーダー格と思しき黒人兵がすぐに尋ねてきた。

「何の話だ？　あんたたちは何者だ？　プレス（報道陣）かい？」

「いえいえ、単なる観光客です」

即座に否定したが、海兵隊員たちが納得した様子はなく、首をひねりながら、私たちから視線をそらそうとしない。


これは完全に怪しまれている。軍事基地に外国人不審者がいるということで身柄を拘束され、取り調べを受ける羽目になるのか。しかも、変に警戒されないよう、自分は観光客だと言ったので、もしジャーナリストだと知られたら面倒なことになるかもしれない……。

私は平静を装いつつ、内心では焦って冷や汗をかいていた。

しかし、その場では結局、それ以上のことは起こらなかった。海兵隊員たちはなおも疑わしげにこちらを見ていたが、リーダー格の隊員が合図すると、すぐに私から離れてどこかへ行ってしまった。

基地に入ったときに続き、またも安堵の溜息が出た。

髪をマリーンカットにしてみない？

落ち着きを取り戻し、改めて街を眺めて、あることに気づいた。理髪店が多いのだ。周囲を見渡したただけで4軒もあった。

その1軒に入ってみた。店主は初老の白人男性で、名前はジャック・スコットさん。この基地に店を出して、もう40年になるという。

白髪の下で微笑を絶やさないスコットさんに、「ここにはなぜ理髪店が多いんですか？」と尋ねてみた。

「そりゃ、海兵隊の街だからね。彼らは常に髪を短くしていないといけないだろ」

——お客さんは皆、海兵隊員ですか？

「ああ、そうだよ。私は毎日、彼らの髪を『マリーン（海兵隊員）カット』にしているんだ。あんたもやってみるかい？」

マリーンカットとは、頭の両脇と後ろを刈り上げて、上だけ髪を数センチほど残す、海兵隊独特のヘアスタイルだ。スコットさんに勧められ、私も思い切って髪をマリーンカットに切ってもらうことにした。

スコットさんはさっそくバリカンを用意して、私を座らせ、刈布をかけると、ニコニコ笑いながら話しかけてくる。

「どこから来たのかい？　日本から？　へえ、そうか」

やがて私の髪をバリカンでどんどん刈り上げていったが、その間もあれこれと楽しそうにお喋りを続ける。話し好きの、気の良い床屋の親父さんという感じだ。

鏡を見ると、ジョンと加藤君が笑っている。私の髪型がどんどん変わっていくのがおかしいらしい。

やがてスコットさんは「完成だよ」と誇らしげに言うと、刈布を取り、肩に付いた髪の切り屑をサッサッと払ってくれた。そこで改めて、生まれて初めてマリーンカットにした自分の姿を鏡でまじまじと見て……「ええっ？」と驚いてしまった。

あれ、自分はこんなに変な顔をしていたかな？　と思うほど滑稽に見え、吹き出してしまったのだ。髪型というのは、人の外見の印象に本当に大きく影響するものである。

ジョンと加藤君はまた私を見て大喜びしている。加藤君は「似合いますよ」と誉めてくれたが…。

彼らが喜ぶならマリーンカットにした甲斐があったかな、と思いつつ、少々照れくさい気持ちで店を出た。

「聖地」に置かれていたもの

しばらく基地のなかの街を散策していると、ジョンが突然、「どうだい、そろそろ博物館に行ってみないか？」と言い出した。

海兵隊博物館。来る途中に見た、あの傾いた三角形の建物に行こうというのだ。

加藤君と私は即座に賛成した。博物館は基地の敷地内ではなく、近所にあるそうで、私たちは再びジョンの車に乗ると、基地のゲートを出た。

まもなく到着した海兵隊博物館は、思った以上に大きな建物だった。駐車場も広い。

基地に入ったことのあるジョンも、この博物館を訪ねるのは初めてで、ワクワクしているようだった。私が「陸軍から見て、海兵隊にどういう印象を持っているの？」と尋ねると、こんな答えが返ってきた。

「凄いと思う。彼らは真っ先に戦場に行くわけだからね。リスペクトしているよ」

博物館に入って、まずその規模に驚いた。広々としたスペースに、これまでの海兵隊の活躍を、実物大の隊員の人形と兵器で展示しているのだ。

第2次世界大戦、朝鮮戦争、ベトナム戦争…。まさにジョンが言った通り、戦争になれば米軍でも真っ先に最前線に飛び込んできたのが海兵隊だ、ということがよくわかる。

博物館の説明によると、海兵隊の歴史は18世紀の独立戦争にまでさかのぼるという。当時、世界最強の海軍を持っていた英国に対し、植民地だった米国に海軍があるはずもない。そこで、兵士が英国の軍艦に飛び乗って、船ごと分捕ってしまうという作戦が立案された。この兵士たちの集団が海兵隊の始まりなのだとか。

ここで重要なのは、海兵隊が米国の建国前にすでに存在していたということだ。つまり海兵隊は歴史的にまぎれもなく、米国の国家としてのアイデンティティの一部なのである。

かつて学んだ米国史のことなどを思い出しながら館内を見て回っていると、ジョンが話しかけてきた。

「ヨイチロー、この博物館の中に『聖地』と呼ばれているスペースがあるのを知ってる?」

「僕が知るわけがないだろ。でも面白そうだね。そこに何が展示されているの?」

「さあ、それは僕にもわからない。なんで『聖地』なんだろう」

「とにかく行ってみようか、ジョン」

興味をそそられた私たちは、すぐに「聖地」に向かった。辿り着いたそのスペースの脇の壁には、「写真撮影禁止」と書かれた紙が貼ってあり、専門のガイドが立っていた。高齢の白人男性だ。

このガイドはハワード・ナイトさん、79歳。本人ははっきり言わなかったが、口ぶりや雰囲気から察するに、かつて海兵隊に所属していた退役兵らしい。

ナイトさんは私たちをスペースの奥の方に導き、壁のガラスケースを示した。そのなかに展示されていたのは、ボロボロになって端の方が破れた、古く大きな星条旗だった。

私はさっそくナイトさんに聞いてみた。

「これは何ですか？」

「どうしてこんなにボロボロになったか、わかるかね？　こういう旗を何かで見たことはないかな？」

「いや、わからないです。見たこともないと思います。私は日本から来たもので……」

「おお、日本人なのか。だったら、なおさら知っておいてほしいものだな」

ナイトさんはそう前置きすると、胸を張って言った。

「これは、硫黄島のてっぺんに立てられた星条旗じゃよ」

「えっ！　太平洋戦争の『硫黄島の戦い』のときの、あの有名な旗なんですか？」

「その通り」

１９４５年2月から3月に行われた「硫黄島の戦い」についてはご存じの人も多いだろう。１ヵ月以上の激戦の末、米軍は日本軍を全滅させて全島を占領したが、そのなかで、擂鉢山を制圧した海兵隊の５人の隊員（及び海軍兵１人）が、力を合わせて必死で山頂に星条旗を立てたことはよく知られている。

その瞬間を撮った写真は、おそらく史上最もよく知られた戦争報道写真であり、太平洋戦争における米軍の勝利と海兵隊の誇りの象徴となった（この写真にまつわる悲劇を描いたクリント・イーストウッド監督の映画『父親たちの星条旗』もヒットした）。

そんな歴史的な宝物というべき国旗が、私たちの目の前にあったのだ。

硫黄島がある日本は特別な国

ナイトさんは、ガイドという仕事柄当然とはいえ、海兵隊のことを詳しく知っていた。特に、加藤君と私が日本人だとわかると、説明が止まらない。

「硫黄島に立った星条旗こそが、当時からいまに至るまで、海兵隊のシンボルなんだ。だから海兵隊にとって、硫黄島がある日本というのは特別な国なんじゃよ」

聞いているこちらは複雑な気持ちになったが、ナイトさんはそんなことにはお構いなく、日本への強い〝思い入れ〟を語り続けた。

そのとき、ふと思った。ナイトさんが話す、「硫黄島の星条旗」から生まれた日本への特別な思い入れは、沖縄に駐留する海兵隊員たちにも共有されているのだ、と。

１９４５年の硫黄島と２０１７年の沖縄。この２つの島が、72年の歳月を超えて、米海兵隊という１本の糸でつながっているのが見えたような気がした。

ナイトさんはさらに、前述した有名な硫黄島の星条旗の写真を示しながら、撮影したカメラマンのことや、実際にはこの撮影の前にすでに一度、山頂に旗が立てられていたことなどを教えてくれた。実に丁寧で、わかりやすい説明だった。


やがて話が一段落したので、私はここに来るときに抱いた疑問をぶつけてみた。

「なぜ、この博物館の建物は、奇妙に傾いた三角形をしているんですか？」

ナイトさんは、待ってましたと言いたげな表情でニヤリと笑い、こう答えた。

「おやおや、これだけ話しても、まだわからんかね？」

「建物の形の話はまだお聞きしていないと思いますが……」

「ほら、これじゃよ」

ナイトさんはこう言うと、先に見せてくれた、硫黄島の戦いで米海兵隊員たちが摺鉢山頂に星条旗を立てている有名な写真を指さした。次の瞬間、加藤君と私は「あっ！」と、ジョンは「オーッ！」と声を上げ、全員が絶句した。

写真を見た途端、すぐにわかったのだ。硫黄島の山頂に掲げられた星条旗と、それを支える兵士たちの形状をかたどってこの建物の形にした、ということが。

「やっとわかったかね。そうそう、建物のてっぺんから斜め上にまっすぐ突き出ているのが、旗のポールの先っぽ部分ということになる」

ナイトさんは上機嫌で笑っている。意表を突かれた加藤君と私は、ただ「へぇ～」と頷きながら話に聞き入るしかなかった。

海兵隊の勘違いがトラブルを生む

ちょうどそのとき、両親と子供2人の一家とおぼしき4人連れが、「聖地」に近づいてきた。お父さんは、はるばる中西部のミズーリ州から来たというフィル・ドッジさん、43歳。

最初に博物館の印象を尋ねてみた。

「素晴らしいね。前から、子供たちを連れてきたいと思っていたんだけど、来てよかったよ。海兵隊が身体を張って米国を守ってくれていると、子供たちにきちんと教えることができた。本当に我々は、海兵隊に感謝しなきゃいけないと思う」

――これまで、軍務に就いた経験はありますか？

「ないよ。私は地元でずっと会社勤めをしてきたんだ」

――トランプ大統領についてはどう思いますか？

「強い米国を作ろうとする彼の考えに共鳴しているよ。米国は強くなきゃいけない」

私はナイトさんとドッジさんに礼を言って「聖地」を離れ、しばらく博物館内を見て回った。その間、ジョンはなおもナイトさんと話していたらしい。

やがて私たちは外へ出た。車に戻ったところでもう一度、傾いた三角形の建物を眺めてみた。隣で加藤君が言った。

「確かに、言われてみればこの建物、硫黄島に星条旗を立てた海兵隊員たちの形をしてますね」

「うん。しかし、何か不幸な勘違いを感じるね」

「勘違い、ですか？」

「そう。確かに米国の海兵隊は、太平洋戦争末期の硫黄島で国を守るヒーローとなったことで、日本への強い思い入れを持っている。でも、その気持ちが強くなればなるほど、沖縄での海兵隊の駐留を求めていない人々との意識の差は、大きくなるばかりだよ」


もちろん、センチメンタルな感情で米海兵隊が沖縄に駐留しているわけではない。

ただし、海兵隊の新兵は必ずこの博物館を見学して、過去の自軍と日本との歴史を教えられる。その教育が、硫黄島で勝って星条旗を掲げた先輩たちへの一方的な賛美で終わるのであれば、日本（つまり沖縄）に派遣されたとき、地元との軋轢やトラブルを生んでも不思議はない。

私たちはそんなことを話しながらジョンの車に乗り、ワシントンＤＣへの帰途についた。

トランプが軍に被害をもたらす

まったく、緊張したり、驚いたりが続いた日だったなあ…と、車の助手席でリラックスしてしみじみ振り返っていたところ、実は最後にもうひとつ、意外なことが待っていた。ハンドルを握るジョンが、急にこう話しかけてきたのだ。

「ヨイチロー、さっきの海兵隊博物館にいた、お爺さんのガイドを覚えているかい?」

「ああ、ハワード・ナイトさんというガイドね。海兵隊を心底愛しているというか、若いときからずっと海兵隊に人生を捧げているような感じの人だったなぁ」

「それがね、実は彼は海兵隊出身ではなくて、陸軍の補給部隊にいたんだって」

「えぇっ、本当に? てっきり海兵隊の退役兵だと思ってたよ」

またも驚いたが、考えてみると、私たちが勝手にナイトさんを元海兵隊員だと思い込んでいただけで、彼がそうだと語ったわけではない。

あくまでガイドの仕事として、熱心に海兵隊と硫黄島のことなどを説明していたにすぎず、海兵隊OBだと思われても、訂正するのが面倒なのでいつもそのままにしているらしい。

そこへジョンが現れ、陸軍出身だと自己紹介したので、ナイトさんも古巣が懐かしくなって本当の経歴を話したようだ。ジョンはこう続けた。

「面白いのは、彼が『海兵隊は大変そうだったよ』と言ってたこと。海兵隊は充分な補給を受けないまま戦うこともあって、そんな勇敢でタフな彼らを本当にリスペクトしているんだって」

「そういう敬意があるからこそ、ナイトさんはあれだけ海兵隊について一生懸命語り続けているのかな」

「そうだろうね。あと、ヨイチロー、君が興味を持ちそうなことがもうひとつある。陸軍出身で、海兵隊を尊敬してやまない彼が、トランプ大統領については否定的だったんだ」

「へえ、意外だね。軍出身で、いまも軍関連の仕事をしていて、たぶんかなり保守的な思想の持ち主であるはずのナイトさんが、トランプに否定的なのか…。で、彼は何と言っていたの？」

「『トランプは軍を知らないから、今後、米軍に被害が出るような事態がかなり起こるんじゃないか。そのときの海兵隊員の若者の姿は想像したくないよ』って。ずいぶん心配そうだった」

「そうだったのか……あのお爺さん、実はしっかりと見ているんだね」


私は不思議な感銘を受けていた。軍人や元軍人だからといって、保守的なリーダーのやることを何でもすべて無批判に支持するわけではないのだ。

軍人の生死を決めるのは、何よりも指揮官の力量である。将兵は皆、指揮官が自分を生かすのか死なせるのか、死なせるにしても、国を守るのに役立つ死に方をさせてくれるのか、それとも犬死させるのか、その実力を注意深く見ている。

そして、軍の最高指揮官である大統領こそが、全将兵の生殺与奪の権を握って絶対服従させながらも、全将兵の命がけの、最もシビアな視線を浴びている。「このトップを信頼して命を預けてもいいのか?」という無言の、無数の問いかけが飛び交うなかで……。

その問いに対して、ナイトさんが自分のなかで出した答えは「ノー」あるいは「わからない」であり、とても「イエス」とは言えなかったのだろう。

クアンティコ基地には、軍のなかでも、大統領に命令されれば誰よりも早く死地に赴かねばならない屈強な海兵隊員が集まっている。無条件で「王」に忠誠を誓う彼らを深く愛しながら、その「王」のリーダーとしての危うさを冷静かつ批判的に見ている人間が、あの街にいるとは思わなかった——。

想像を上回る現実の複雑さに驚き、同時にいくらかの安堵を覚えつつ、私は、夕日のなかを遠ざかっていく三角形の建物を車窓からぼんやり眺めていた。

ワシントン・ポスト紙バーンズ記者のジャーナリズム論の授業風景（撮影：Qianqian Gu）

10章　「王」と戦う米国ジャーナリズムの批判精神はこう作られる

――権力のチェックという使命を忘れ、強者と癒着し、おもねり、ときに御用メディアと化す日本のマスコミ。それに比べて、徹底した調査報道が多い米国では、ジャーナリストがしばしばスクープで権力者と対峙する。

健全な民主主義社会に必要な、強靱な批判精神と倫理観を持ったジャーナリズムは、米国でいかに教えられ、育まれてきたのか。

今さら何を言っているのか

炎と怒りが王宮を取り巻いている！

米国のメディアがこう騒ぎ立てたのは、２０１８年の年明けから間もない頃のことだった。ジャーナリストのマイケル・ウォルフ氏が新著『炎と怒り』で、トランプ政権のさまざまな内部事情と大統領及び政権要人たちの素顔などを赤裸々に明かし、米国中に衝撃を与えたのだ。

著者ウォルフ氏が「この本によってトランプ政権は終わる」と自信たっぷりに予言したことも、トランプ大統領が「フェイクブック」と罵倒したことも話題になって、同書は全米でベストセラーになった。大統領の周辺の約２００人に取材した内容だという。

将来、「トランプ王国の2年目は1冊の暴露本から始まった」と記憶されるのだろうか。

……などと思いつつ、私も正月早々、入手して読んでみた。いろいろな内容が盛り込まれているが、自分なりにざっくり要約すると、スキャンダルというより、トランプ大統領がいかにバカにされているかを明かした側面が強い本だと思った。

このような書籍で、権力者とその周辺のありのままの事情が明かされるのは、内容に誤りがない限り、ジャーナリズムの成果と言えるだろう。

ただし、この本に書かれているのは目新しい話なのだろうか？　その疑問が私の素直な感想だった。

この1年、私は、トランプ大統領とその周辺の発言をチェックし、大統領を支持する人たちも批判する人たちも見てきたし、彼らの話も聞いてきた。

その経験に立ってあえて言うと、『炎と怒り』の内容は、正直なところ、すでに言い尽くされ、報じられてきたことばかりとしか思えない。

たとえば、ホワイトハウスの政府高官はトランプが何も知らないことを知っているが、それを指摘できないでいるといった状況が書かれている。

しかし、この話はかなり前から言われていたことだ。イスラエルの情報機関からもたらされた機密情報を直ぐにロシアの外相に漏らして問題になったり、大統領に長いブリーフィングをしても理解できないということでその時間が前任者オバマに比べて短くなったといった報道は以前からなされている。

そもそも、トランプを賢いなどと思っているのは、おそらく本人を除けば誰もいない。『炎と怒り』では、側近たちが陰で次々とトランプを間抜け呼ばわりしていることが暴露され、それに対する驚きの声も多く上がっているようだが、これも指摘されてきたことである。

メディアでも、トランプの能力や資質をはっきり問題視する見方は何度も表明されてきた。

たとえば「ニューヨーク・タイムズ」のコラムニストなどは、「トランプ氏が真っ当な大統領になると信じた人々は、その希望を捨てるべきだろう」「人生の大半を不道徳で不誠実で無頓着に過ごしてきた70歳だ」などと堂々と書いている。

だから、別に上から目線で評するわけでも何でもないのだが、『炎と怒り』の内容には、「今さら何を言っているのかな……」と思わなくもない。

米国では憲法がジャーナリズムを守る

ただひとつ、『炎と怒り』を読んで改めて感心したのは、「米国のジャーナリストはここまで正面から最高権力者に抗えるのか」ということだった。

この国で、ジャーナリストは、事実に基づいた報道をしている限り、堂々と王に抗うことができる。抗っても〝打ち首〟にはならないし、職も失わない。

これは、率直に言って凄いことだ。世界ではまだ、政権や権力者を少しでも批判しただけで、逮捕、投獄されたり、生命を奪われたりする国が少なくない。

そこまで行かなくても、仕事をなくしたり、メディア界から追放されたりといった例は、日本を含む各国で枚挙に暇がない。

なぜ米国のジャーナリズムはここまで権力と対峙できるのか。ある米国人ジャーナリストに尋ねると、こんな答えが返ってきた。

「それは、米国ではジャーナリストが憲法で守られている存在だからだよ。ファースト・アメンドメントに記されている」

ファースト・アメンドメントとは、1791年に採択された合衆国憲法修正第1条のこと。それには「表現の自由や報道の自由を制限する法律を制定してはならない」旨が明記されている。

日本国憲法も表現の自由を保障しているが、200年余りの歴史を持つ合衆国憲法に謳われたその意義は、非常に重いものとして米国民に認められている。米国では、自由で独立したジャーナリズムこそが健全な社会の基盤だと位置づけられているのだ。

米国生活をいったん中断した理由

前述の通り、私は2016年の大晦日にNHKを退職して、翌日の17年元旦に米国に入り、トランプ政権下の超大国の取材を開始した。

首都ワシントンDCを中心に、ニューヨークはもちろん、オハイオ、アトランタ、アリゾナ、モンタナ……といろいろな場所を訪ねて、トランプという「王」に対する人々の考えを書き留めてきた。そして1年後の2018年1月、私は日本に戻っていた。

米国各地を取材する生活に一区切りをつけ、大阪のテレビ局のスタジオにしばしば現れる立場になっていたのだ。なぜ大阪のテレビ局に顔を出すようになったのか、そのいきさつは後述しよう。米国での生活をいったん中断した理由は簡単だ。恥ずかしながら、友人から借りたお金が底をつき、米国での生活を続けることができなくなったのである。

「働かざる者食うべからず」という言葉があるが、実際には「働かざる者食っていけず」といったところか（当たり前ではあるが）。

お金というのは、予想より早く減っていくものだと実感した。もちろん、ビザの関係で、私が米国内で就労することはできない。遊学しつつ取材を続けていけるような状況ではなくなってしまった。

米国滞在中は、ずっとワシントンDCで、元陸軍軍楽隊のトッドことトッド・ボールドウィンさんの家に居候させてもらっていたのは、何度か書いた通りだ。楽しい人柄で、常に親切に気を配ってくれたトッドは私にとって親友と言える存在になったが、彼との別れに特別なものはなかった。

そもそも私がワシントンDCのトッドの家を離れて日本に向かう日、彼はすでにガールフレンドと旅行に出かけていた。その前も、私の帰国について特に話をしたわけでもない。ウエットな別れを嫌う米国人らしい対応だろう。

ジャーナリズム大学院の大きな意義

私が米国に滞在できたのは、友人たちが出してくれた資金のおかげだが、それだけではない。最も大事なのは、いうまでもなくビザだ。

このビザは、受け入れ先が米国務省に対し、私の身元を保証することで発行される。今回、私の受け入れ先、すなわち保証人となってくれたのは、ワシントンＤＣにあるアメリカン大学のコミュニケーション大学院だった。

アメリカン大学では「コミュニケーション大学院」という名称だが、一般に米国の大学では「ジャーナリズム大学院」と呼ばれることが多い。

このジャーナリズム大学院こそ、米国の大学にあって日本のそれにないものだ。そして、権力への批判精神が旺盛な米国ジャーナリズムを支える柱のひとつでもある。

米国のジャーナリストの大半は、ジャーナリズム大学院で学んだ経験を持つ。

もちろん、大学の学部を卒業した若者がすぐにジャーナリストになるケースも少なくない。しかし、そういう人々も、働いて何年か経つと、大学院で学ぶことが一般的だ。

学び方はケースバイケースで、それまで働いていたメディアを退職したり休職したりしてジャーナリズム大学院に通う人たちもいれば、仕事を続けながら通う人たちもいる。後者に備えて、大学院には夜間や週末の講義が設けられている。

私はNHKの記者だった2010年から2011年の間、このアメリカン大学に客員研究員として在籍したことがある。そのとき、同世代のジャーナリストたちが週末の時間を使って大学院で貪欲に学ぶ姿に、本当に驚かされた。


当時の研究員仲間で、今や米国最大の調査報道NPOとなった「センター・フォー・パブリック・インテグリティー」（CPI）の代表を務めるジョン・ダンバーさんに、「なぜ米国のジャーナリストはジャーナリズム大学院に通うんですか？」

と尋ねたことがある。

彼は、アメリカン大学の客員研究員を務めていたのは私と同じだったが、ジャーナリズム大学院にも通って熱心に勉強していた。

「そりゃ、キャリアアップのためだよ」

「シンプルな理由なんですね」

「僕は客員研究員だから、ジャーナリズム大学院の授業料は無料なんだ。ヨイチロー、君だって僕と同じ立場なんだから、授業料は免除してもらえるはずだよ」

「えっ、そうなんですか⁉　知らなかった……」

絶好の特典を受けられるチャンスをみすみす逃していたことがわかって、私は愕然とした。どこかの名刺管理サービスのＣＭよろしく、「それさぁ、早く言ってよ～」と嘆きたくなった。

結局、私は帰国後に放送大学の大学院で学ぶことになるのだが、それは、学習意欲が旺盛な米国のジャーナリストたちに触発されたためだった。

ジャーナリズム教育を軽視する日本

日本の大学において、ジャーナリズム学科の存在感はきわめて小さい。

学科を設けている大学自体が少なく、あったとしても、それが学内で大きな役割を担っているケースはほぼない。社会的な認知度も高いとは言えない。

まして、「ジャーナリズム大学院」と言える教育・研究機関は、私が知る限り、米国をモデルにした早稲田大学政治経済学部のそれ（正式名称は「大学院政治学研究科ジャーナリズムコース」）くらいである。

要するに、日本では米国と比べて、体系的なジャーナリズム教育がきわめて軽視されているのだが、それはメディア環境の影響が大きい。

日本では、新聞記者やテレビ記者、ディレクターなど、ジャーナリズムの仕事をするに当たって、ジャーナリズムの勉強をしておく必要がない。なぜなら、そのような勉強で得られる知識はメディアで基本的に求められておらず、「ジャーナリズムは現場で覚えるもの」という意識がきわめて強いからだ。

私自身も大学でジャーナリズムを学んだわけではないが、それゆえに取材・報道に当たって不自由や問題を感じたことはない。

……そんなことを思い出しながら、米国に数多くあるジャーナリズム大学院とは何を学生に教える機関なのか、と改めて考えてみた。

私には客員研究員の経験はあっても、学生として授業を受けたわけではない。カリキュラムも多様だ。

ジャーナリズム大学院が何だかきわめて謎めいた存在に思えてきて、日本へ帰国する日が近づくなか、覗いてみようと思い立った。さっそく、ずっとお世話になっているアメリカン大学のリン・ペリー教授に打診すると、「ぜひ来てください」と快諾してくれた。

大物記者が振り返る「一生の思い出」

勧められた日にペリー教授の授業に潜り込んだ。この日はワシントン・ポストのベテラン大物記者ロバート・バーンズさん（63歳）がゲスト講師として招かれていた。

バーンズ記者は、ジャーナリストとして働き始めて40年になり、ワシントン・ポストに移って30

年余りだという。「シニア・コレスポンデント」の肩書を持っており、定年はない。

彼はまず、自己紹介にあわせて、ワシントン・ポストでの経験を語った。

「私はワシントン・ポストで首都圏記者、政治記者を経て、政治担当のデスクをやりました。2009年、オバマ大統領が誕生したときの報道を担当デスクとして仕切ったことは、一生の思い出です」

日本の学生と違って、米国の学生は授業を黙ったまま聞くということがまずない。何か疑問が浮かべばすぐに質問する。

あまりにも初歩的すぎる質問や、的を外した質問もあるが、する側もされる側も気にしない。質問される側は、ピント外れのことを尋ねられても、「良い質問だね」と誉めることがよくある。

ちなみに私の個人的印象でいうと、「良い質問だね」という言葉が返ってきたときは、実は7対3くらいでピント外れの質問である場合が多い。つまり回答する側は、とりあえず「良い質問だね」と言って時間を稼ぎつつ、「妙な質問をされたけど、どう答えようかな……」と考えるわけだ。

とにかく「質問する文化」の国なので、逆に質問しない者は、何も考えていないのではないかと思われてしまう。ジャーナリスト志望者だから質問をしたがるのではなく、率直な議論を好む米国人の国民性と言える。

このときも、バーンズ記者が「オバマ大統領誕生の報道が一生の思い出だ」と語った途端、学生の1人からすぐに質問が飛んだ。

「どの部分が思い出なんですか？」

「大統領が誕生した翌日の記事というのは、米国の新聞にとって常に特別なものです。当時、ワシントン・ポストはオバマについて、個人史や選挙戦から、過去の発言まですべて網羅した特集を作りました。そのときは、大量の記事について、内容に間違いがないか、あらゆる点をチェックして最終的に確認してから、記事にすべく進めていったわけです。

特集記事が出る日の朝に出勤して、驚きましたね。多くの人々が、その特集が載った新聞を買い求めようとして、会社の前に長い列を作っていた。あんなことは記者になって初めてでした。忘れられませんよ。

オバマ大統領には問題もあったけれど、米国人が彼に希望を見出そうとしたことは間違いありません」

バーンズ記者はその後、希望を出して、デスク職から現場の記者に戻った。最高裁判所の担当だ。彼はその仕事について、嬉しそうな笑顔でこう振り返った。

「最高裁はこの国の根幹です。だからメディア各社ともベテランの記者を担当させます。NBCテレビの最高裁担当記者は私よりも年配で、尊敬できる友人ですよ」

あの記者がいる限り、米国は大丈夫

ここでまた挙手して質問の声を上げた女子学生がいた。「最高裁」という単語に反応したらしく、熱気を帯びた口調で、シリアスな問題に率直に切り込んでくる。

「イスラム圏からの入国を禁止するトランプ大統領の大統領令は、最高裁が執行を認めましたよね。そういうこともあって、最高裁のそれぞれの判事は、政治的な思想の傾向が大きく注目され、任命されているように思えますが、どうなのでしょうか?」

微妙で生々しい内容の質問に、その場はシーンと静まりかえった。

しかし、バーンズ記者は微笑を絶やさず、落ち着いた口調で答えた。

「ある意味で、その見方は正しいでしょう。

最高裁判事は9人います。9人目が欠員ですが、トランプはそこに保守派の人間を持ってこようと躍起になっています(後に若手保守派として知られるゴーサッチ判事が就任した)。

しかし、最高裁判事は独立した存在であって、彼らの判断は政治的な理由でなされるべきものではありません。実際にも、判断は必ずしも保守かリベラルかでは決められていません。

共和党の大統領が任命した判事が、後にリベラル派と数えられるケースもあります」

理路整然とした説明に、学生たちも納得しているようだった。

他にもいくつか質問が出たが、「トランプ大統領についてどう思いますか?」といった安易なものはない。「ジャーナリストは政治的に中立である」という原則は、ジャーナリズム大学院の学生に徹底して教え込まれているからだ。

バーンズ記者の講義の後に、最高裁について質問した女子学生に話しかけてみた。学部生で、やはりジャーナリスト志望だという彼女はこう語ってくれた。

「トランプが大統領になって、私はこの国に不安を感じていました。大統領がメディアを敵視しているという事実は、ジャーナリズムの世界に進もうとしている私を動揺させましたし、両親を不安がらせてもいます。

しかし今日、バーンズのようなジャーナリストがいることを知って安堵しました。そういう人たちがメディアにいる限り、この国は大丈夫です。私もそのなかに入って頑張りたいと思います」

取材先と「酒を飲め」「風呂に入れ」

大学院でこの授業を担当しているリン・ペリー教授に話を聞いた。タネを明かすと、先に講義をしたバーンズ記者とペリー教授は夫婦だ。

夫より1歳年上だというペリー教授は、「エレガント」という言葉は彼女のためにあるのではないかと思えるほど、端正とか清楚といった言葉の似あう女性だ。その一方で、自らもかつて米国の有力メディア「ＵＳＡトゥデイ」のデスクを務めたという、ジャーナリストとしての経歴を持つ。

「先ほどバーンズ記者に講義してもらったのは、夫だから頼みやすかったということですか？」

最初、私が冗談めかして尋ねると、ペリー教授は微笑して答えた。

「今日はたまたまボブ（ロバートの略称）に頼みましたけど、普段はいろいろなジャーナリストに来てもらっています」

――第一線のジャーナリストを招いて学生たちに講義してもらう狙いは何でしょう？

「理論と実践を教えてもらうことを目的としています。授業の一環として、学生たちに、実際に世の中の出来事を取材して記事を作成させるプログラムがありますが、それに当たって、現場で取材しているジャーナリストのものの見方や考え方に接しておくことは重要だと考えています」

なるほど、確かに取材活動を始める前に、現役のジャーナリストたちから話を聞いておくのはかなり有益だろう。

最近は日本の大学でも、社会人が自らの経験を学生に語る取り組みが増えていると聞く。不肖私も何度かやったことがある。

では、それ以外の大学院の授業は、どのような内容になっているのだろうか。米国人が学ぶジャーナリズムの知の体系は、日本の教育機関でも教えることができるのか。

前述のように、日本では今までのところ、ジャーナリズムが高等教育の主要なカリキュラムとして成立していない。

それは、ＯＪＴ（オンザジョブトレーニング）が最も効果を発揮する業種だと、メディアの世界で認識されているからだ。

逆に言えば、ＯＪＴ以外で学べるものはきわめて乏しいと考えられている。

たとえば報道の現場では、新聞やテレビの1年生記者が、先輩から「取材先の懐に飛び込め」などとよく言われる。腹を割った付き合いをして、さまざまな情報を提供してもらえるような親密な関係を築け、という意味だ。

では、その「取材先の懐に飛び込む」ための技法はあるのか。

技法と呼んでよいかどうかはわからないが、私が駆け出しの記者の頃によく言われたのは、「取材先を夜の街に連れ出して一緒に酒を飲め」である。「一緒に銭湯に行け」と言われたこともある。日本のメディア組織で報道部門に所属する若手記者は、おそらく昔も今も、同じようなことを言われているはずだ。

確かに、一緒に風呂に入れば、文字通り「裸の付き合い」にはなるだろう。そうすれば、何があっても取材先が自分の味方になってくれたり、貴重なスクープ情報を教えてくれたりするようになる…かどうかはわからない。

ひとつ言えるのは、どう考えても、「取材先と一緒に酒を飲め」「一緒に風呂に入れ」などは大学の授業で教えるような技法ではないということだ。最高学府たる大学側も、まさかそんなことを教えたくないだろう。

取材相手との飲食は絶対にダメ

米国のジャーナリスト大学院では、現役記者の講義の他に、学生に何を教えているのか。ペリー教授に尋ねると、こんな答えが返ってきた。

「最近になって重視されているのは、コンピューターを使った情報の解析などです。昔から教えているのは、報道に関連する法律や、報道の倫理です」

報道に関連する法律とは、たとえば情報公開制度など、取材に必要な手続きに関する法のことだという。米国では、取材先から情報を入手することより、制度を利用して情報を公的な機関から入手することが重要視されているそうだ。

では、報道の倫理とは何か？

「たとえば、取材相手と食事をしたり、取材相手に贈り物をしたりというのは、記者の倫理に違反することです。その原則は学生にきちんと教えます」

取材先との飲食や取材先への贈り物が、米国のジャーナリズムで禁じられていることは何となく知っていたが、改めて聞かされると、やはり軽い驚きを禁じ得なかった。日本の取材現場の実情はまったく違うからだ。

日本では、記者が取材先、たとえば政府の役人を食事や酒の席に誘うのは、親しくなるための常套手段である。その飲食代が経費として認められることも少なくない。

役人も基本的に、スケジュールさえ合えば記者の誘いをまずは断らない。特に、「女性記者からの酒食の誘いに応じない（男性の）役人はいない」というのが、現場では常識となっている。

そのためメディア各社は、アナウンサーばりの美貌の女性記者を揃えて役所を担当させているという話もある。当然、記者が取材先から飲みに誘われることもあるだろう。

贈り物も日本では普通にある。首相の誕生日にクリスマスケーキを贈って祝う女性記者の姿が報じられたこともある。

ペリー教授はこう語る。

「私も長く記者として活動してきましたが、たとえば夜、取材先と食事に行ったりしたことはありません。若いとき、何度か誘われたことはありますが、すべて断りました。米国のジャーナリズムでは、基本的にそういうことは倫理上、問題があると理解されています。

取材する側と取材される側は、お互いに立場をわきまえる必要があります。特に取材する側は、その線を絶対に踏み越えないように気をつけなければなりません」

——私自身のジャーナリストとしての意識の低さを露呈するようで恥ずかしいのですが、倫理上、取材に多少の問題があっても、やはり特ダネがほしいということはありませんか？　飲食を共にすることでスクープ情報が取れるようになるのなら、すべてのジャーナリストがその誘惑を退けられるとは思えないのですが……。

「短期的には、そういうこと（飲食など）をして成果が上がるかもしれません。しかし、やがて問われるのが特ダネの質です。

ニュースのスクープ性が高ければ高いほど、その情報をどのような経緯で入手したのかも、やがて知られることになる。そのとき、倫理的に問題になる取材をしていることが明らかになれば、そのジャーナリストは弁明できなくなります」

米国のジャーナリズムでも、スクープなどの功を焦ったがゆえの問題取材や問題報道は多い。捏造や盗用の類もときどき発覚する。

それだけに、報道に対する検証も熱心に行われているという印象がある。というより、その検証を綿密に行っているのが、まさにジャーナリズム大学院だったりする。

そして、取材や報道に問題や不正行為があるとされたジャーナリストは厳しい立場に立たされる。最終的に退場、つまり廃業に追い込まれる場合も少なくない。

情熱を持って仕事に取り組んでいる人は、洋の東西を問わず輝いている。ペリー教授も60歳を超えてなおエネルギッシュかつエレガントだ。

かつてはジャーナリズムの現場で、今はジャーナリズムの教育で奮闘する教授は、私のアメリカン大学滞在を支えてくれた恩人の一人である。そのことへの謝意を丁重に伝え、日本に戻ることを告げて再会を約し、彼女の部屋を出た。

トランプに感謝しなければならない!?

日本に戻った私は、大阪の準キー局、毎日放送のスタジオに顔を出すようになった。情報番組「ちちんぷいぷい」に出演することになったためだ。

スタートから20年近く続き、関西では知らない人がいないほどの人気番組である。

帰国してしばらく経ち、私は仕事を探しにハローワークを訪れた。その最中、いきなり携帯電話が鳴り、出てみると、「ちちんぷいぷい」のスタッフからの出演の打診だった。

あまりにもタイミングが合いすぎて、まるで作り話のようだが、誓って本当の話である。

「立岩さんに、『ちちんぷいぷい』で、ニュースのコメンテーターとして出演をお願いしたいと思いまして」

「はい、ありがたいお話ですが、どんなニュースにコメントすればいいのでしょうか?」

ディレクターに聞くと、こんな答えが返ってきた。

「トランプ大統領や、米朝関係、日米関係についてコメントをしていただきたいと思っています」

私は神奈川県で生まれ育ち、多くを東京で過ごした「関東人」だが、NHK時代に4年間過ごした大阪が気に入って、日本での拠点は大阪に構えている。ディレクターはそのことも知っているようだった
「私、関西弁しゃべれないんですが？」

「全く問題ありません」

ということで、関西の名物番組に出演することが決まった。

ん？…てことはだよ、「王」などと呼んで批判していたトランプにも、本当は感謝しなければいけないのか…？

そんなことを考えながら、ありがたく依頼を引き受けることにした。

トランプと金正恩委員長との会談はあり得ますよ

その3回目の出演で、トランプ大統領が『炎と怒り』で北朝鮮に対応すると言った発言についてコメントを求められた。この発言について日本のメディアは米国による北朝鮮への宣戦布告のように伝えていた。

私はそれまでのトランプの発言をつぶさに見ていて、この発言に深い意味はないと見ていた。また この発言が発せられたとき、「王」は長期休暇を批判されていたことも耳にしていた。

そこで次のことを話した。

「もし、本当に、米国が宣戦布告をするなら、ホワイトハウスに記者を招いて、『My fellow American』と国民に訴えかける手法をとる。こんな休暇の最中に友人との会食の場に記者を入れて発言をすることはありません。これは、『ちゃんと仕事をしている』と言いたいトランプ大統領のポーズでしょう」

しかし、スタジオの出演者も半信半疑な顔だ。それはそうだろう。朝鮮半島問題専門家とされる人の多くが、「トランプ大統領がいつ北朝鮮を攻撃するか」で盛り上がっている状態だった。

4回目の出演となった8月末の番組では、自分なりのトランプ認識を示した。

「トランプは実は金正恩委員長と似ている。成功者である父の下で育ったという生い立ちも似ている」

さらに次のように話した。

「私はトランプ大統領と金正恩委員長の会談はあり得ると考えています」

さすがにスタジオは騒然となったが、私は次のように捕捉した。

「普通の外交は過去からの継続を実践するので、米朝首脳会談は難しいでしょう。でも、トランプはそういう慣例にとらわれない。それと……」

「彼は、過去にも金正恩委員長と会いたい、会えれば光栄だと発言しているんです」

スタジオには海外での取材経験もある毎日放送の解説委員もいたが、驚きの声しか出なかった。米国で「王」を取材していた私にとっては普通の言葉だったが、日本のメディアからしか情報を得ていない人々にとっては意外な話だったのかもしれない。


こうして番組に、単発で何度かコメンテーターとして出演した後のこと。

ある日、出番が終わってスタジオから引き上げようとしていると、チーフプロデューサーに呼び止められた。

「これは、『今後はもう出なくていいです』という話か。やはり発言があまりに日本のメディアの報道と違い過ぎたか……」

そう思って話を聞くと、逆だった。今後はレギュラーで出演して欲しいとの話だった。それも、月曜から水曜まで週3日とのこと。

「いいんですか、私で?」

「是非、お願いしたい」

勿論、「無職」の私に断る理由はない。

「私で良ければ喜んで」

そう言って引き受けた。

そしてレギュラー出演の第1回目を迎えた。

「ちちんぷいぷい」の司会は、「ヤマヒロさん」の愛称で人気を集めている大阪の名物アナウンサー・山本浩之さん。スタジオに着いた私は、真っ先にヤマヒロさんに挨拶し、続いてタレントの皆さんにも挨拶と自己紹介をしていった。そして、スタジオのいちばん端の席（そこが私の定位置になった）に座った。

まもなく米朝関係のニュースになると、さっそくボールが飛んできた。ヤマヒロさんが私に視線を向け、こう尋ねてきたのだ。

「トランプ政権に詳しい立岩さん、アメリカの北朝鮮への姿勢をどうお考えですか？」

「ええと、私はトランプさんに会ったわけではないんですが、アメリカでいろいろな人に話を聞いた範囲でお話ししますと……」

と前置きして、自分の見方を述べていく。

私がトランプ政権に詳しいということについては、異論もあるだろう。

そもそもトランプ大統領に会ったこともなく、ホワイトハウスに入ったこともない。その意味では、私より「トランプ政権に詳しい」人たちは他にもいるはずだ。

ただし私は、政権発足とほぼ同時に米国で取材を始め、トランプに近い人々やトランプを支える人々、トランプを批判する人々、トランプに攻撃される人々に多く接して話を聞き、さまざまなことを考えてきた。それを視聴者と共有することはできるだろう。

一方で、気をつけなければならないのは、「知ったふり」や「会ったふり」をしてしまうことだ。「米国に詳しい人」として位置づけられて、生放送の緊張のなかで話を振られると、つい脊髄反射的に、会っていない人にまるで会ったことがあるかのように答えてしまうかもしれない。

しかし、それは捏造、つまり、ジャーナリストとして最も厳格に排除しなければならないことだ。そもそも、その場しのぎで〝盛った〟話は、いずれ必ずバレてしまう。

だから私は、レギュラー出演が決まったときに固く心に決めた。「知らないことは知らないと言おう」と。

それで、「トランプ政権に詳しい立岩さん」と振られたとき、その返答の冒頭に「トランプに会ったわけではないんですが」と断ったのだ。

トランプに外交政策はあるのか？

「ちちんぷいぷい」の放送時間は、1回につき4時間余り。その中で、私の出番はおよそ2時間10分にわたる。

生番組で2時間10分など、NHK時代にも出たことのない長時間である。というより、NHKで報道に携わっていた私の主な役割は作る側であり、たまに画面に顔を出すことはあっても、出演者という位置づけではなかった。

生放送中、コメンテーターとしていろいろな話を振られる。これにうまく応じていくのは、まだ始めたばかりでやむを得ない部分もあるとは言え、なかなか難しい。

どこかの市長が執務室で既婚女性にキスをしたというスキャンダルの話を振られたときは、あまりのバカバカしさに笑ってしまい、コメントができなかった。

情報番組のコメンテーターの仕事は、まさに反射神経と知識と体力が一緒に試される〝格闘〟のようなものだと、出演のたびに思う。

何度目かのコマーシャルタイムに入ると、私の出番は終わり、ディレクターが大きな声で伝えてくれる。

「コマーシャルは3分半です。立岩さんはここまでです。お疲れさまでした！」

この声がかかると、無事に生放送を終えたという安堵感でホッとして、全身から力が抜けるのが常だ。

最初にチーフプロデューサーから依頼されたように、私にはやはり、トランプ大統領やトランプの北朝鮮政策について深い話をすることが期待されている。自分なりに、視聴者になるべくわかりやすい説明になるよう、ベストを尽くしているつもりだ。

ただ、ある種の違和感を覚えるときがあるのも否めない。

たとえば、米国政治や朝鮮半島問題の研究者が出演して、トランプの外交政策について語ることがある。私はそれをスタジオで聴いて、ヤマヒロさんからコメントを求められるのだが、この研究者たちの分析があまりにも凄すぎて、困ってしまうことがあるのだ。

困るというのは、別に皮肉でも何でもない。研究者の方々は、トランプ大統領の外交について精緻に分析していて、それはそれで価値のあるものなのだが、肝心のトランプがそこまで深く考えて進めているかとなると、首をひねりたくなることがあるのだ。

「はて？　はたしてあの『王』に、そんなに明確な外交政策があるのだろうか？」

おそらくトランプ本人が知ったら、「これは誰の話をしているんだ？」と仰天するのではないか――。研究者の分析を聴いてそう思ってしまうことがしばしばあり、スタジオで何となく落ち着かない気分になる。

少なくとも米国では、トランプに確固とした外交政策があると論じたメディア記事を読んだ記憶がない。そんなことを言うジャーナリストやアナリスト、評論家などにも会ったことがない。

むしろ実態は逆ではないか、とさえ私は思う。

トランプ大統領の外交は場当たり的で、長期的な戦略はなく、そもそも戦略を作ろうともしていない。外交もすべて国内政策の延長であり、議会との関係を重視して決められている――。それが米国のメディアの一般的な見方だろう。

トランプの対北朝鮮外交については、日米のメディアの報じ方の差は特に顕著だ。日本の報道には「トランプは北朝鮮の金正恩に対して強硬な姿勢を示しており、その目的は北朝鮮の独裁体制を崩壊させることだ」という趣旨のものが多い。

しかし、これは私の受けた印象とまったく違う。米国の王は北朝鮮のカウンターパートを嫌うどころか、親近感さえ感じているように思う。だから、私はこの2人が首脳会談を開いたとしても驚かないし、金正恩についてはわからないが、トランプは絶対に会談を開きたい筈だ。それについてはほぼ確信に近いものを持っていた。

本音を共有してもらえた幸福感

2月の平昌冬季五輪で、日本のメディアは北朝鮮の美女軍団を追いかけるのに熱心だった。そんななか、ワシントン・ポスト紙が「平昌五輪の開会式に出席したペンス副大統領が『北朝鮮と前提条件なしに対話をする用意がある』と話した」と報じた。

この記事を書いたのは、ワシントン・ポスト紙専属アナリストのジョシュ・ギバン氏。ペンス副大統領からの信頼が厚い、若手の外交専門家のホープだ。日本への留学経験もあり、アジア外交を専門にしている。

そんなギバン氏だからこそ、副大統領専用機に乗ってペンスと一対一で会い、聴くことができた話なのは明らかだった。

言うまでもなくスクープであり、注視すべき報道である。私はこれが日本でどう伝えられるか、推移を見守った。ところが、いつまで経っても日本のメディアは報じない。

仕方がない、自分が書くか……。そう思って、「ヤフーニュース」に記事を書いて公開したところ、数時間後に古巣のNHKなども短く伝えはじめた。

ただし、日本の各メディアはこのニュースの重要性をあまり認識していないようだった。

ところが、嬉しいことに、「ちちんぷいぷい」の制作班はこのニュースに食いついてくれた。すぐにディレクターから電話が入り、こう言われた。

「立岩さんがヤフーニュースに書かれた記事を読みました。この内容を番組で解説していただけませんか。時間は長く取りますから」

もちろん私に異論があるはずはない。そして、スタジオで本番が始まってしばらくすると、「ペンス副大統領が北朝鮮と前提条件なしに対話する用意」の話題になった。司会のヤマヒロさんがさっそく私に振ってくる。

「立岩さん、これ、かなり重要なニュースですよね」

「そう思います。『北朝鮮の微笑み外交に惑わされてはいけない』とだけ言い続ける日本の外交当局や、そればかりを報じる日本のメディアが心配になります」

思い切って本音を言った。

ひょっとしたら、メディアの世界にいる友人や知人を不快にさせてしまうかもしれないという気持ちがちらりと頭をかすめたが、それよりも、「何が大事なのかを明確にすること」を優先すべきなのは言うまでもない。

幸い私の発言は、視聴者の皆さんや、同じスタジオにいた出演者の皆さんにも、納得を持って受け止めてもらえたらしい。多くの人々と思いを共有できたことに深い安堵感と感謝を覚えつつ、この日の出演を終えた。

帰りの電車の中で、ふと思った。

NHKを辞めて1年余りになる。陳腐な表現になるが、あっという間に時間が経ち、私は50歳になっていた。

50歳手前になってゼロから始めたフリーランスのジャーナリスト稼業だが、独立から1年後、自分の発言に共感してくれる人が少しずつだが確実に増えている。これは、途方もなく幸せなことではないだろうか——。

にわかに湧き起こってきた幸福感に包まれつつ、私は電車を降り、顔を上げて、またゆっくりと一歩を踏み出した。

そして、この日から約1ヵ月後の3月9日、トランプは北朝鮮の提案を受け入れ、米朝首脳会談を開催すると宣言した。

しかし、開催が宣言されたと言って楽観できる話ではない。なにせ、トランプである。この「王」、何がどうなるか、また何を言い出すのか、恐らく自分でもわかってない可能性は極めて高い。

「王が退位する可能性だってあるし……」

すると、どうなるのか？

まぁ、その時はトランプ王国が元の米国に戻るだけかもしれない。

あとがき

「The Divided States of America」（アメリカ分州国）

今の米国を象徴する言葉として時折使われる言葉だ。アメリカ合衆国ならぬ、アメリカ分州国といったところだろうか。

様々な人種が競いながら活力のある米国を実現しようとする人々がいる一方で、白人が主体となった「古き良き時代」の米国を志向する人々がいる。その双方はこれまでも存在してきたが、どこかで折り合いをつけてきた。それが共存できなくなった状態が生じている。それを指した言葉だ。この「アメリカ分州国」は既にオバマ政権時代から始まっていたという説もあるが、やはりトランプ政権になって更に顕著になっていると言ってもよいだろう。

それは米国の政治を動かし、その余波は米国の外交政策となって世界に波紋を広げている。パリ協定からの脱退、メキシコとの国境に巨大な壁を作る政策、イスラム教徒の入国を制限する大統領令、エルサレムに大使館を移す決定…どれ一つ、国内の分断を政治に利用しただけのものだ。

日本では、トランプ政権の外交方針を「強硬派」として妙に評価する人がいるが、そういう話は、実は米国のトランプ支持者からも聞こえてこない。そもそもトランプ支持者の関心がそこにはない。彼らの関心事は生活の向上であり国内の治安だ。下手に海外の問題に手を出すことなどやめて欲しいと思っている。

そうしたトランプ政権の一端をこの本から読み取っていただければ幸いだ。

この本は講談社のＷＥＢマガジン「クーリエ・ジャポン」に２０１７年１月から14回連載した「トランプ王国研究」のうち10話を選んで再構成したものだ。

連載のきっかけは講談社の古くからの友人、広部潤氏だった。ＮＨＫを辞めると言ったとき、生活を心配した広部氏が連載の話を持ってきてくれた。その後、広部氏は部署が変わっても連載の担当を引き受けてくれた。感謝の言葉が見つからない。

連載はそれなりに読者の評価を得たようだったが、書籍化はそう容易ではなかった。なんと言っても無名のジャーナリスト…というよりもただの失業者である。採算ベースに乗らない。つまり、本にしても売れないということだ。

そうしたなかであけび書房代表の久保則之氏が声をかけてくれた。東京・九段下の事務所で久保氏とご夫人と３人で話をさせていただいた。夫人から、「私は次に何が来るのかワクワクするような内容の本が大好きなんです。この原稿はまさにそうでした」と言っていただいた。

実はその後になって大きな出版社から「うちで本にしないか」との誘いが来た。しかし、ご夫妻の温かな言葉は、私にその選択をとらせなかった。そして、南北会談後に急きょ、訪朝した部分などを加えるよう指摘を受け、素敵な本に仕上げていただいた。この場を借りて感謝したい。
また、米国から戻った無職の私にコメンテーターとしての仕事を与えてくれた毎日放送にも感謝しなければならない。その番組は「ちちんぷいぷい」という関西で長く続く情報番組だ。テレビ番組を作ってきたものの、テレビで話す訓練などされていない私を温かく見守ってくれている。

最後になるが、この本は米国でのフェローとしての滞在がなければ書くことはできなかった。その際にお世話になった方々に英語で感謝の言葉を伝えることを許していただきたい。

I surely have to thank Todd Baldwin for letting me stay at his house. He also gave me idea of what I should write in the stories. I also must thank everyone who let me interview in each of the stories. And of course, I must thank American University community which gave me such an opportunity to stay in DC and follow Trump presidency. My respect and gratitude always go to Professor Charles Lewis of American University and Lynne Perri, the managing editor of Investigative Reporting Workshop AU .

２０１８年５月14日

立岩 陽一郎

立岩陽一郎（たていわ よういちろう）

1967年、神奈川県生まれ。1991年、一橋大学卒業。
NHKでテヘラン特派員、社会部記者、国際放送局デスクとして勤務し、政府が随意契約を恣意的に使っている実態を暴き随意契約原則禁止のきっかけを作ったほか、大阪の印刷会社で化学物質を原因とした胆管癌被害が発生していることをスクープ。「パナマ文書」取材に中心的に関わった後にNHKを退職し、アメリカン大学（ワシントンDC）フェローとなる。
現在、認定NPO法人運営「ニュースのタネ」編集長、公益法人「政治資金センター」事務局長として公開情報を駆使した調査報道に取り組む一方、ファクトチェックの普及に取り組む。
毎日放送「ちちんぷいぷい」のコメンテーター。
著書に、『NPOメディアが切り開くジャーナリズム』（新聞通信調査会）
『ファクトチェックとは何か』（共著、岩波書店）
『フェイクと憎悪』（共著、大月書房）

トランプ王国の素顔

2018年6月1日　第1刷発行

著　者——立岩陽一郎
発行者——久保　則之
発行所——あけび書房株式会社
102-0073　東京都千代田区九段北1-9-5
☎03-3234-2571 Fax 03-3234-2609
akebi@s.email.ne.jp　http://www.akebi.co.jp

組版／キヅキブックス　印刷・製本／モリモト印刷

ISBN978-4-87154-159-6 C0031

あけび書房の本

アベ「独裁」政権誕生の元凶を廃止しよう！ 世界の多くは比例代表制です

ここまできた小選挙区制の弊害

上脇博之著　得票率50％未満の自公が議席「3分の2」を独占。日本独特の高額供託金と理不尽な政党助成金…。それらのトンデモなさを解明し、改善の道筋を提起。図表・データ多。分かりやすさ抜群！

1200円

CDブックス

日本国憲法前文と9条の歌

うた・きたがわてつ　寄稿・森村誠一、ジェームス三木他　憲法前文と9条そのものを歌にしたCDと、森村誠一他の寄稿、総ルビ付の憲法全条文、憲法解説などの本のセット。今だからこそ是非！

1400円

「政府のNHK」ではなく、「国民のためのNHK」へ

NHKが危ない！

池田恵理子、戸崎賢二、永田浩三著　「大本営放送局」になりつつあるNHK。何が問題で、どうしたらいいのか。番組制作の最前線にいた元NHKディレクターらが問題を整理し、緊急提言する。

1600円

なぜ、これほどまでに情けなくなってしまったのか!?

これでいいのか！ 日本のメディア

岡本厚、北村肇、仲築間卓蔵、丸山重威著　メディアは真実を伝えているのか？ なぜ伝えられないのか？ メディアの受け手はどうすべきか？ 新聞・テレビ・雑誌の第一人者がメディアの今を解明。

1600円

価格は本体